Dieter Buck

Wandern mit der Bahn in Baden-Württemberg

Mit  bwegt
Mobilität für Baden-Württemberg

zu den 25 schönsten Touren im Land

verlag regionalkultur

Vorwort

Liebe Leserin, lieber Leser,

»Wandern mit der Bahn« ist das Thema dieses Buches. Gemeint ist damit: Für die 25 Touren, die wir eigens für diesen Wanderführer in Kooperation mit *bwegt* – der Mobilitätsmarke für Baden-Württemberg – konzipiert haben, ist eine anstrengende Anfahrt mit dem eigenen Auto ganz überflüssig. Was noch vor Jahrzehnten für jeden ganz normal war, mit Bus und Bahn zum Ausgangspunkt einer Wanderung zu gelangen, liegt heute wieder voll im Trend – nicht nur mit Blick auf den Umwelt- und Klimaschutz.

Denn was gibt es Bequemeres, als sich an einem sonnigen Sonntagmorgen in den Zug zu setzen, nette Menschen zu treffen und ohne Stau und Stress an einen schönen Ort zu fahren, um dort frisch und ausgeruht mit einer Wanderung in der Natur durchzustarten. Und auf der Heimfahrt, nach einem Tag mit viel Bewegung und noch mehr neuen Eindrücken, beginnt die körperliche Erholung schon wieder direkt mit der Bahn.

Unsere 25 ausgewählten Rundwanderungen in ganz Baden-Württemberg starten alle an Bahnhöfen und enden dort auch wieder. Zur besseren Übersicht haben wir das Bundesland in die vier Himmelsrichtungen Nordost, Nordwest, Südost und Südwest aufgeteilt und das Buch in entsprechende Kapitel strukturiert. Die Touren führen Sie durch die schönsten Landschaften des Landes, von der Bergstraße im Norden bis an den Bodensee im Süden, von der Ortenau im Westen bis nach Oberschwaben im Osten. Wir haben bei der Auswahl der Wanderungen auf allzu anspruchsvolle oder lange Streckenprofile verzichtet, sodass alle Touren auch mit einer etwas längeren Anfahrt zeitlich gut zu bewältigen sind. Die wichtigsten Informationen zu den jeweiligen Bahnverbindungen finden Sie übersichtlich direkt bei Tourenbeschreibung im blauen Infokasten.

Jetzt wünsche ich Ihnen erholsame Fahrten durch unser schönes Bundesland und interessante Wanderungen, immer Sonne und viele eindrucksvolle Erlebnisse und angenehme Begegnungen auf Ihren Touren.

Ihr Dieter Buck

8 nützliche bwegt-Tipps für An- und Abreise

Wandern heißt abschalten, eine Pause für den Kopf – und die beginnt idealerweise nicht mit dem ersten Schritt auf dem Wanderpfad, sondern bereits mit der Anreise.

Praktisch für alle, die entspannt anreisen wollen: Alle Touren in diesem Wanderführer starten und enden an Bahnhöfen. So erreichen Sie bequem, nachhaltig und günstig die schönsten Regionen Baden-Württembergs. Die besten Tipps dazu gibt es hier!

Weitere Informationen, alle Links, Apps und Tourentipps finden Sie auf unserem bwegt-Wanderportal www.bwegt.de/wandern

1. Touren-Planung leicht gemacht mit der EFA
Das Wochenende steht an – und die nächste Wandertour will geplant werden? Mit der **Elektronischen Fahrplanauskunft** (**EFA;** www.efa-bw.de) erhalten Sie online ganz automatisch die beste Verbindung mit Zug und Bus zu Ihrem Wanderausflug. Mit zahlreichen Filterfunktionen können Sie Ihre Anreise passend nach Ihren ganz persönlichen Wünschen planen.

2. Alle Strecken-Infos auf dem Smartphone
Auch unterwegs müssen Sie auf die Fahrplanauskunft in Echtzeit nicht verzichten. Unser Tipp für Sie: Die kostenlose **Bus&Bahn App** von bwegt macht's möglich. Mit detailreichen Karten, aktuellen Störungsmeldungen und vielen zusätzlichen Informationen rund um Ihre Fahrt mit dem ÖPNV ist diese App ein Muss für jeden.

3. Für echte Bahnreise-Genießer: das bwegt-Kursbuch
Die nächste Wandertour mit Bahn und Bus individuell und in Ruhe ausführlich planen: Das **bwegt-Kursbuch** liefert den Überblick über den gesamten Zugverkehr in Baden-Württemberg. In dem Nachschlagewerk sind auch Regio-

busse und die Verbindungen der Bodensee-Schifffahrt verzeichnet.

4. Günstig fahren mit dem bwtarif

Preiswert zum Ziel: Wenn die Zugfahrt durch verschiedene Verkehrsverbünde führt, dann ist jetzt nur noch ein Fahrschein nötig. Der **bwtarif** macht's möglich: Das Ticket gilt in sämtlichen Regional- und Nahverkehrszügen, S-Bahnen sowie Bussen in Baden-Württemberg. Gut zu wissen: Der Preis für die Einfachstrecke 2. Klasse ist gedeckt – egal wie weit Sie fahren, das Ticket kostet nie mehr als 29,80 Euro.

Die BahnCard 25 oder 50 bringen zusätzlichen Rabatt. Vielleicht liegt Ihre nächste Wandertour im Anschluss an Ihre gewohnte Abostrecke? Mit dem **bwWEITERFAHRT-Ticket** können Sie dann die fehlenden Kilometer bis zum Ausgangspunkt Ihrer Tour überbrücken.

5. Das beste Ticket für die Gruppen-Tour

Gemeinsam wandern macht am meisten Spaß. Wenn Sie mit bis zu vier Erwachsenen auf Tour gehen, lohnt sich das **Baden-Württemberg-Ticket** (Tagesticket) – für 48 Euro bei der vollen Personenzahl in der zweiten Klasse. Heißt, jeder bezahlt nur 12 Euro – hin und zurück. Sind alle Wanderfreunde unter 27 Jahre alt, zahlt jeder nur noch 9 Euro (**»Young«-Tarif**). Kinder oder Enkel fahren bei diesen Pauschalpreis-Tickets übrigens immer kostenlos mit.

Ihr Ticket können Sie ganz einfach online oder per Smartphone kaufen – aber natürlich auch an jedem Fahrkartenautomaten und in den Reisezentren der Bahnhöfe. Die bw-

tarif-Auskunft erreichen Sie außerdem rund um die Uhr telefonisch unter 07 11 93 38 38 00.

6. Bike & Hike für die Sportlichen

Sie möchten Ihren Ausflug gerne noch sportlicher gestalten – und einen Teil der Strecke bis zum Ausgangspunkt mit dem Rad zurücklegen? Warum nicht? Dann können Sie die Bike & Hike Tour ganz bequem zu Hause mit dem **Online-Radroutenplaner** vorbereiten. Auch den gibt's für unterwegs als Smartphone-App.

Übrigens: Rad und Zug passen auch sonst hervorragend zusammen. In den neuen bwegt-Zügen bieten großzügige Stellplätze genügend Raum zum Abstellen. Und wer mit einem verbundübergreifenden Fahrschein des bwtarif unterwegs ist, der kann sein Fahrrad kostenfrei in die Bahn mitnehmen.

7. Service-Angebote in den Zügen

Die bwegt-Züge im gelb-schwarz-weißen Landesdesign sind mit kostenlosem **WLAN und Steckdosen** unter jedem Sitz ausgerüstet. Natürlich sind die Züge **voll klimatisiert** und es gibt viel **Beinfreiheit an den Sitzplätzen**.

8. Weitere Services, Informationen und Tipps für Wanderfans

Wie Sie aus einem Ausflug in die Regionen Baden-Württembergs das **Rundum-Wandererlebnis mit allen Sinnen** machen, erfahren Sie hier: Alle Services, Informationen und Tools zentral auf www.bwegt.de/wandern

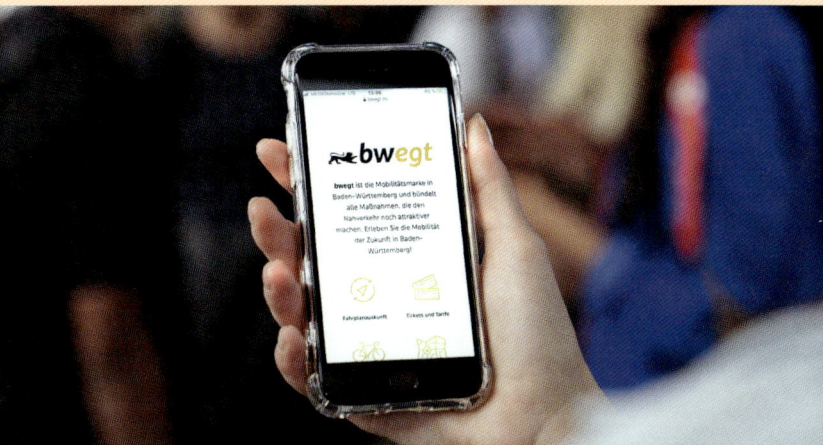

Die Touren

Nordwestliches Baden-Württemberg

1 Zweiburgentour über der Bergstraße
Von Schriesheim zur Strahlenburg und zur Schauenburg 12

2 Alpines Erlebnis im Odenwald
Durch die Margarethenschlucht 18

3 Ein Verteidigungsbau und ein Kloster
Über den Eppinger-Linien-Weg zum
Weltkulturerbe Kloster Maulbronn 22

4 Ortenauer Weinberge mit Aussichtsturm
Von Bühl zum Carl-Netter-Turm 28

5 Durch den Wald zum Schafott
Von Calw in den Schwarzwald 34

Nordöstliches Baden-Württemberg

6 Über die Burgruine zur idyllischen Tauber
Wandern um Wertheim 42

7 Aussicht über Hohenlohe
Von Eckartshausen zum Burgbergturm 50

8 Zur schönsten Weinsicht
Zwischen Weinbergen, Feldern und Wald bei Besigheim 56

9 Alte Stadt und Wasserfälle
Sehenswertes Murrhardt 62

10 Wo die Kelten die Aussicht genossen
Von Bopfingen auf den Ipf 68

11 Auf dem Zickzackweg zum Aussichtsturm
Von Oberkochen über den Volkmarsberg zum Schwarzen Kocher 72

Wanderkategorien: blau = leicht, **rot** = mittelschwer, **schwarz** = schwer

Man darf die Schwierigkeits-Kategorien in diesem Buch nicht im alpinistischen Sinn verstehen – für gestandene Bergwanderer sind auch die hier als schwer bezeichneten Touren nur leicht bis mittelschwer.
Unsere 25 Wanderungen umfassen leichte Touren mit wenigen Kilometern und geringem Höhenunterschied (man könnte sie auch als bessere Spaziergänge bezeichnen), mittelschwere Wanderungen, die etwas anspruchsvoller und länger sind sowie auch einen größeren Höhenunterschied mit sich bringen, und als schwer bezeichnete Touren, welche die längsten Strecken und/oder den größten Höhenunterschied aufweisen oder etwas schwieriger zu begehen sind.

Südwestliches Baden-Württemberg

12 Idyllischer Karsee
Hinauf zum Huzenbacher See 80

13 Viel Aussicht und dunkler Wald
Von Freudenstadt zum Friedrichsturm 86

14 Unterjesinger Wengertwegle
Zwischen Streuobstwiesen, Wald und Weinbergen 90

15 Zwischen Schwarzwald und Gäu
Von Horb nach Rexingen 96

16 Im Naturpark Schwarzwald Mitte/Nord
Von Biberach aus links und rechts des Kinzigtals 104

17 Zwischen Wald und Weinbergen
Von Endingen zur Katharinenkapelle 110

18 Kloster, Kapelle und eine Burg
Von Beuron durchs Donautal zur Burg Wildenstein 118

19 Rund um den Titisee
Wanderung der vielen Möglichkeiten 126

20 Großer See und kleiner See
Vom Bodensee zum Mindelsee 130

Südöstliches Baden-Württemberg

21 Zu den bekanntesten Wasserfällen der Schwäbischen Alb
Der Uracher und der Gütersteiner Wasserfall 136

22 Romantische Riedlandschaft ohne Höhenunterschiede
Durch das Langenauer Ried 140

23 Viel Sehenswertes in und um Blaubeuren
Vom Blautopf zur Küssenden Sau 144

24 Von der Fachwerkstadt durchs idyllische Tal
Von Trochtelfingen ins Grafental 150

25 Seen und Barock
Von Bad Schussenried zum Schwaigfurter Weiher 154

Bildnachweis 160

Die **GPX-Dateien** zu den Touren dieses Führers finden Sie auf
https://verlag-regionalkultur.de – die Daten sind den jeweiligen
Touren zugeordnet.

Nordwestliches
Baden-Württemberg

Zweiburgentour über der Bergstraße

1

Von Schriesheim zur Strahlenburg und zur Schauenburg

 2 ¾ Std.

↦ 8,8 km

▲ 230 Hm

Schriesheim/Bahnhof – Strahlenburg – durch die Weinberge – Schauenburg – durch den Wald – Strahlenburg – Schriesheim

 Wir wandern mit mäßigem Höhenunterschied auf festen und teilweise auf Naturwegen. Der Hauptanstieg kommt gleich zu Beginn der Tour.

Strahlenburg, Schauenburg, Altstadt Schriesheim, Landschaft, Aussicht

Strahlenburg, Schriesheim

Auf der Wanderung bietet sich ein weiter Blick über die Weinberge – am schönsten ist er im Herbst.

Das Neckartal nördlich von Heidelberg ist mit seinen Weinbergen, den Wäldern des Odenwalds und dem roten Gestein, das immer wieder aus dem Grün der Wälder hervorleuchtet, schon alleine ein landschaftlicher Genuss. Doch das Vergnügen steigert sich sogar noch, wenn man von Schriesheim aus die zwei Burgruinen besucht, die wir bei unserer Wanderung ansteuern.

Etwas nördlich vom **Bahnhof** ❶ **Schriesheim** liegt der Schillerplatz mit der modernen Brunnenanlage. Hinter ihm überqueren wir die Schillerstraße und wandern in der **Theodor-Körner-Straße** weiter bis zur querenden **Heidelberger Straße** ❷. Ihr folgen wir nach links.

Sie führt uns in die **Schriesheimer Altstadt**. Wir kommen am alten **Rathaus** – man beachte das Prangereisen an der Säule – und dem Marktplatz mit Brunnen und alten Häusern aus verschiedenen Epochen vorbei. Bald quert die **Schulgasse** ❸. Ihr folgen wir nach rechts zu einem großen Platz (Pfarrer-Eberhard-Platz) links der **Kirche**. Rechts der quer stehenden Schule führt der Weg zur Strahlenburg weiter. Wir gehen kurz hoch zu einem Platz und wandern links der **VHS** weiter. Unweit unserer Strecke befinden sich zudem das Museum Théo Kerg und auch das Besucherbergwerk »Grube Anna-Elisabeth«, was beides noch einen Besuch wert ist. Doch erst steigen wir auf einer **Treppe** hinauf; wo danach eine Treppe nach rechts oben führt, gehen wir nach **links** weiter.

Nun kommen wir hinab zum **Burgweg**. Ihm folgen wir nach rechts hinauf. Kurz danach weist uns ein **Schild** bei Haus 1 aber nach rechts. Wir gehen kurz entlang der Wohnhäuser, dann verlassen wir den Ort durch ein **Rundbogentor**. Ab jetzt führt uns der Weg durch Weinberge und steigt bald auch an. Nach einer **Tafel zur Strahlenburg** gehen wir hinauf zu einer **Aussichtsterrasse** 🟠. Jetzt haben wir auch einen Blick zur Strahlenburg. An der **Terrasse** wandern wir auf einem Asphaltweg nach rechts weiter.

Wir wandern nun immer durch die Weinberge und haben nach rechts einen Blick ins Neckar- und Rheintal und anfangs auch auf Schriesheim. Blicken wir zurück, haben wir noch eine Weile lang ein Blick auf die Strahlenburg. Nach einiger Zeit weist uns ein Schild darauf hin, dass wir uns in einem »Natura 2000 Vogelschutzgebiet« befinden.

Kurz darauf geht der Asphaltweg nach einer **Kreuzung** in einen – nur noch sporadisch befestigten – **Feldweg** über.

Schauenburg

Die Schauenburg wurde um 1100 erbaut und steht auf einem Bergsporn innerhalb eines keltischen Ringwalls. Besitzer waren die 1130 erstmals erwähnten Edelfreien von Schauenburg, die im 13. Jahrhundert nach den Pfalzgrafen als die vornehmste Familie der Region galten. 1460 eroberte der Pfalzgraf Kurfürst Friedrich I. der Siegreiche nach einwöchiger Belagerung die Burg. Danach wurde sie geschliffen. Um 1900 wurden ein Drittel der Anlage und ein Teil des Berges gesprengt, um Porphyr gewinnen zu können. Heute stehen noch der Stumpf des Bergfrieds, Fundamente des Palas und anderer Baulichkeiten sowie ein Teil von Schild- und Ringmauer samt Graben.

Der Weg führt uns jetzt durch eine Mischung aus einem Trockenhang ähnelnden Gebüsch, Wald und vereinzelten Weinbergen.

Bald führt uns der Weg, nun mit einem **gelben B** (für Blütenweg) markiert, nach links **5** durch einen Hohlweg steil hinab. Am Ende des Hohlwegs folgen wir dem **Zeichen B** nach links auf einen anfangs befestigten Weg. Gleich darauf geht es wieder nach **links** hinauf. Etwas später weist uns ein **Schild 6** nach links hinauf zur Schauenburg. Es steigt steil an, wir halten uns an einer Verzweigung rechts (Wanderzeichen: Do, 1, 3) und stehen bald bei einem Pavillon und vor der **Schauenburg 7**. Zur Besichtigung gehen wir über den Holzsteg.

Zurückgekehrt an den Ort, von dem aus wir die Besichtigung gestartet haben, folgen wir am Schild **Schauenburg** (269 m) dem **Schild** zur Strahlenburg. Nun wandern wir eine Weile durch den Wald. Wo von rechts oben kommend ein Weg einmündet, gehen wir geradeaus weiter

museum Théo Kerg   in Schriesheim

Das **Museum Théo Kerg** beherbergt die Stiftung des Luxemburger Künstlers Théo Kerg (1909 – 1993), Maler, Grafiker, Bildhauer und Glasgestalter.
In einer permanenten Ausstellung werden die Werke über drei Stockwerke in einem restaurierten Fachwerkbau inmitten der Altstadt Schriesheims präsentiert.

Talstraße 52 · 69198 Schriesheim
Telefon: 06203 / 952819
E-Mail: museum@kk-schriesheim.de

Weitere Informationen unter
www.kk-schriesheim.de

Öffnungszeiten
(auch nach Vereinbarung)
Dauerausstellung:
So 14 – 17 Uhr
Sonderausstellung:
Mi 17 – 19 Uhr, Sa + So 14 – 17 Uhr

Strahlenburg

Conrad I. (»der Strahlenberger«) von Hirschberg begann etwa 1135 mit dem Bau der Strahlenburg. Dies geschah aber auf ellwangischem Grund und ohne Einverständnis der Besitzer, dadurch kam er in die Reichsacht. Durch die Vermittlung des Kaisers wurde die Acht 1237 für die Dauer eines Italienfeldzuges aufgehoben, da Conrad gebraucht wurde. Als Bedingung galt, dass er innerhalb von sechs Wochen nach seiner Rückkehr zum Ausgleich mit dem Kloster Ellwangen kam. 1504 wurde die Burg im bayerisch-pfälzischen Erbfolgekrieg zerstört. Als älteste Bauteile gelten der über 25 Meter hohe Bergfried aus dem 13. Jahrhundert sowie die ihn flankierenden Reste der fast 15 Meter hohen Schildmauer. Die Burg besitzt prächtige gotische Fenstergewände. Sie erhielten in jedem Stockwerk eine andere Form. Dazu gehörten steinerne Sitzbänke, die ins Mauerwerk eingearbeitet wurden. In der Literatur spielte die Burg auch eine Rolle, denn in ihr soll Heinrich von Kleist Eindrücke für sein »Käthchen von Heilbronn« gewonnen haben.

INFOS

Wander- und Rad-
wanderkarte Hei-
delberg Neckar-
tal-Odenwald,
1 : 20 000, Geo-
Naturpark Berg-
straße Odenwald
und Naturpark
Neckartal-Odenwald

www.schriesheim.de

RNV 5
von/nach
Heidelberg
und Weinheim
Bahnstrecke: **OEG**
(Oberrheinische
Eisenbahngesell-
schaft)
*Mo–Fr alle 10 min
Sa alle 20 min
So alle 30 min*

Schriesheim,
Bahnhof

zum Schild **Ob. Geisenbachweg** (255 m) **8**. Hier halten
wir uns links und wandern, vorbei am Schild Strahlenburg
(230 m), hinab zur **Infotafel Mosaiklandschaft Kuhberg**,
rechts davon steht ein Denkmal für die gefallenen Mitglie-
der des Liederkranzes Schriesheim.

Wir gehen auf dem links abwärts führenden **Schotterweg** auf den Burgturm zu. Der Weg zieht nach rechts und
bringt uns zum Parkplatz der Strahlenburg. Wir gehen
durch diesen hindurch nach links zum **Burgeingang** **9**.

Vor dem Burgeingang halten wir uns links und gehen,
vorbei an der Trinkwasseranlage, hinab zu der uns bereits
bekannten **Aussichtsterrasse** **4**. Nun wandern wir auf
dem bekannten Aufstiegsweg zurück.

Blick vom Wanderweg auf Schriesheim und das Rheintal.

Es geht nach rechts bergab zum **Burgweg** und auf diesem kurz weiter hinab. Jetzt haben wir zwei Möglichkeiten: Wenn wir auf dem bekannten Weg zurückgehen wollen, halten wir uns nach links zur VHS und zur Schule. Dahinter wandern wir in der **Schulgasse** zur **Heidelberger Straße** ❸ und folgen dieser nach links durch die Altstadt zur querenden **Theodor-Körner-Straße** ❷. Diese bringt uns nach rechts zurück zum Bahnhof.

Die andere Möglichkeit zurück zum Bahnhof zu gelangen ist, dem Burgweg weiter zu folgen. Er geht in die Straße **Schmale Seite**, dann in die **Talstraße** über. Von ihr aus halten wir uns links in die **Heidelberger Straße** und wandern wie bei der ersten Möglichkeit beschrieben zurück.

Alpines Erlebnis im Odenwald   **2**

Durch die Margarethenschlucht

 2 Std.

 7 km

 160 Hm

Neckargerach/Haltepunkt – Margarethenschlucht – Eisenbusch – Neckarschleuse – am Neckar entlang – Guttenbach – Neckargerach

Der Weg hinauf durch die Margarethenschlucht entspricht alpinen Verhältnissen. Er ist steil und seilgesichert, weil er ständig an Steilabbrüchen entlangführt. Nach und bei feuchtem Wetter, Eis und Schnee sollte er nicht begangen werden. Vor und nach diesem Weg wandern wir auf festen Wegen.

📷
Margarethenschlucht

🍴 🛍
Neckargerach

Eine der wildesten Schluchten im Land ist die Margarethenschlucht bei Neckargerach. Sie ist zwar nur 600 Meter lang, aber diese haben es in sich. Es geht steil hinauf und wegen der Steilabbrüche ist der Weg durchgehend seilgesichert. Aber für das Erlebnis lohnt sich der Weg, auch wenn er etwas alpine Erfahrung des Wanderers fordert. Davor haben wir ab und zu einen Tiefblick ins Neckartal und sehen zur Minneburg. Nach der Schlucht überqueren wir eine Staustufe im Neckar, die besonders interessant ist, wenn sich gerade ein Schiff in der Schleuse befindet, und wandern anschließend am Neckar entlang zurück.

Wir gehen am **Haltepunkt** der Bahn ❶ in **Neckargerach** auf die Ostseite der Gleise. Dort ist bereits der **Weg zur Margarethenschlucht** angeschrieben. Wir biegen rechts ab und wandern erst entlang der Häuser, dann am Steilhang entlang **nach Süden**. Ab und zu sehen wir hinab zum Neckar und hinüber zur Minneburg, die sich auf der anderen Neckarseite hoch oben auf dem Berg befindet. Für Abwechslung sorgen auch die markanten Felswände unterwegs sowie die Informationstafel zur Geologie der Gegend.

Schließlich erreichen wir eine **Hütte** 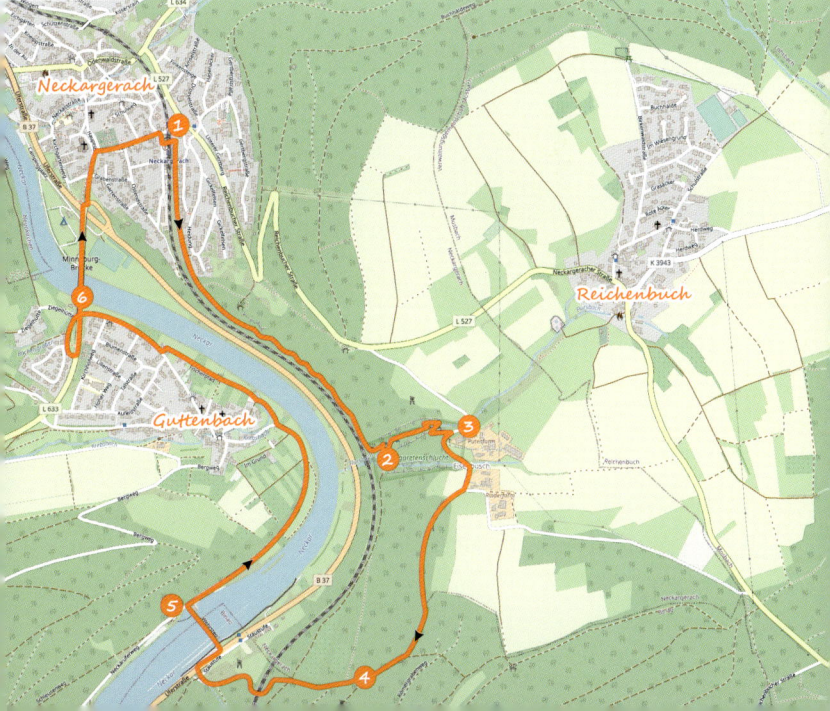; hier ist der Einstieg in die **Margarethenschlucht**. Nun wird aus dem breiten und gut zu gehenden Weg ein schmaler, steiler und ausgesetzter Steig, der uns über umgestürzte Bäume und Felsbrocken führt.

Wo sich die Wege verzweigen und der mit »R« markierte Weg rechts weiterführt, nehmen wir den mit »N« gekennzeichneten **Neckarsteig**, der nach links hinaufführt. Es geht immer aufwärts und wir wechseln die Seite in der Schlucht mit dem durch sie fließenden Flursbach mehrfach.

Schließlich geht es ein paar Meter abwärts, bei denen wir zum letzten Mal von der Seilsicherung begleitet werden. Danach läuft der Schluchtweg harmlos aus und bringt uns zu einem querenden Sträßchen am Schild **Margarethenschlucht** (270 m) . Hier biegen wir rechts ab. Nach einer Linkskurve können wir uns an einem Vesperplatz mit Tisch und Bänken erholen.

INFOS

Freizeitkarte F514
Mosbach Buchen,
1 : 50 000, Landesamt
für Geoinformation
und Landentwicklung
Baden-Württemberg
(LGL)

www.neckar
gerach.de

S1 / S2
von/nach
Heidelberg,
Mannheim und
Mosbach (Baden)
Bahnstrecke:
Neckartalbahn
tägl. alle 30 min

Neckargerach,
Haltepunkt

Links liegt die Ansiedlung **Eisenbusch**. Nach der nächsten **Häusergruppe** knickt das Sträßchen links ab, wir gehen jedoch rechts weiter auf die **Schranke** zu. Danach fällt der Weg im Wald ab. Er geht in einen **Naturweg** über, der uns zu einem **Schotterweg** bringt. Ihm folgen wir nach rechts. Ein paar Minuten später zweigt rechts ein **Pfad** ab ➍. Ihm folgen wir steil abwärts, bis wir wieder auf einen festen **Forstweg** treffen. Etwas nach links versetzt geht es nach rechts weiter bergab ➎ (erste Variante).

Wer gemütlicher abwärts wandern will (zweite Variante), folgt dem breiten Forstweg weiter. Nach einer weiten **Linkskurve** treffen wir auf einen anderen **Weg**, auf dem wir nach rechts weiter abwärts gehen.

Wo es geradeaus und links weiterführt, treffen beide Varianten wieder zusammen. Wir nehmen den abwärtsführenden Weg, der uns bald über die Bahnlinie und danach

*Die Margarethen-
schlucht ist eine der
wildesten des Landes.*

zur **B 37** vor dem Neckar bringt. Wir gehen vorsichtig nach rechts zur **Schleuse** bzw. **Staustufe Guttenbach** und überqueren sie. Danach **❺** halten wir uns rechts.

Nun wandern wir am Waldrand entlang und links des Neckars bis vor **Guttenbach**. Vor den Häusern werden wir mit dem »N« nach rechts auf einen Naturweg verwiesen. Etwas später überqueren wir einen Bach, dann kommen wir zu den ersten **Häusern**. Nach einem Linksbogen folgen wir der **Querstraße** nach rechts über den Neckar.

Wir unterqueren die **Brücke** und gehen danach zu ihr hinauf. Nun spazieren wir nach links über den **Neckar** **❻** nach **Neckargerach** und geradeaus in den Ort hinein. Vor der links liegenden kath. **Kirche St. Afra** werden wir zum Bahnhof nach rechts verwiesen. Wir gehen auf dem **schmalen Weg** steil hinauf, dann halten wir uns rechts in die **Friedhofstraße** und wandern hinauf zum **Haltepunkt** der Bahn.

Blick vom Wanderweg auf Guttenbach, durch das unser Rückweg führt.

Ein Verteidigungsbau und ein Kloster

3

Über den Eppinger-Linien-Weg zum Weltkulturerbe Kloster Maulbronn

🕐 **3 ¼ Std.**

↦ **12,1 km**

▲▲ **150 Hm**

✚

Maulbronn, Bahnhof Maulbronn-West – Eckhausee – Eppinger Linien – Kloster Maulbronn – Bahnhof Maulbronn-West

Der Eppinger-Linien-Weg und der darauffolgende Weg hinab zum ersten Wohngebiet in Maulbronn verlaufen auf Pfaden, die bei Nässe, Eis und Schnee rutschig sein können. Den Eppinger-Linien-Weg kann man allerdings auf einem parallel verlaufenen Forstweg umgehen. Die restliche Strecke verläuft auf Forstwegen.

Kloster Maulbronn

Maulbronn

Diese Wanderung ist der Geschichte gewidmet. Das Kloster Maulbronn wurde nicht umsonst von der UNESCO zum Weltkulturerbe erklärt: Es ist eine wunderbare Anlage, in der noch viel erhalten ist und in der man, auch ohne direkt den Klosterbezirk zu besichtigen, auch in den Außenanlagen einiges sehen kann. Zuerst wandern wir aber ein Stück auf dem Eppinger-Linien-Weg, der für die Geschichte Württembergs einige Bedeutung hat. Der Weg führt uns teilweise durch urige Waldstücke, die mit ihrem vielen Totholz Bannwaldcharakter aufweisen.

V om **Bahnhof Maulbronn-West** ❶ aus gehen wir nach Osten in den Wald. Dort halten wir uns an dem **querenden Weg** rechts, vorerst folgen wir eine Weile immer den **Radwegschildern**. Nach einiger Zeit sehen wir auf einer **Lichtung** einen großen Bestand an Streuobstbäumen. Auf dieser Lichtung biegen wir rechts ab. Wo links ein breiter Weg abgeht, folgen wir ihm. Er führt uns entlang des **Eckhausees** ❷. Einen Zugang zu diesem idyllischen See haben wir etwas später rechts an einer Grillhütte.

Danach gehen wir weiter zu einem **querenden Weg**. Er bringt uns nach rechts zu einem Parkplatz und den dahinter verlaufenden **Bahngleisen**. Vor diesen halten wir uns links und wandern entlang einer Wiese. Nach ihr biegen wir **links** ab ❸. Nach einer Linkskurve zweigen wir **rechts** ab, nun folgen wir dem **Zeichen des Hugenotten- und Waldenserpfads** (blauer Punkt mit grüner Wellenlinie).

Bald beschreibt der Weg eine Rechtskurve und wir folgen immer dem **Wanderzeichen** bzw. bleiben auf dem besseren und breiteren Weg. Nach einer rechts stehenden **Hütte** kommen wir zu einer **Kreuzung** ❹. Hier halten wir uns links, jetzt steigt es steil an. Vorbei am Wasserbehälter kommen wir auf die Höhe. Dort halten wir uns an der **Verzweigung** links in den Asphaltweg. Wir ignorieren den links abgehenden, mit dem blauen Kreuz markierten Weg und gehen auf

Eppinger Linien

Der Pfälzer Erbfolgekrieg hatte auch Auswirkungen auf Südwestdeutschland. Ab 1688 fielen auf Grund der Expansionspolitik des Sonnenkönigs Ludwig XIV. öfter französische Truppen ins Land ein, wo sie plünderten und brandschatzten. Der Name des Generals Mélac ist heute noch ein Synonym für die marodierende Soldateska. Nach verschiedenen verlorenen Schlachten erkannte Kaiser Leopold I. die Gefahr und ernannte den auch »Türkenlouis« genannten Markgrafen von Baden, Ludwig Wilhelm, zum Oberkommandierenden am Oberrhein.

Der Markgraf ließ eine über 86 Kilometer lange Verteidigungslinie (Landesdefensionslinie) von Neckargemünd über Sinsheim, Eppingen, Sternenfels und Mühlacker bis Pforzheim bauen, um mit möglichst wenig Truppen die Angreifer effektiv abwehren zu können.

Der Krieg kam dann 1697, nicht zuletzt auch durch diese »Eppinger Linien«, zum Stillstand.

An manchen Stellen, wo allein schon die Geländeform gute Verteidigungsmöglichkeiten bot, reichte ein breiter, undurchdringlicher Verhau. Größere Strecken versah man mit Schanzen. Diese bestanden aus einem 2,5 Meter tiefen Graben. Der Aushub wurde auf der dem Feind abgekehrten Seite aufgeschüttet, sodass ein fünf bis sechs Meter hoher Wall entstand, auf dem man Palisaden einrammte. Vor den Schanzen lag ein vierzig Meter breiter »Verhack«. Hierzu fällte man in hundert Meter breiten Schneisen Bäume und ließ sie kreuz und quer liegen. Strategisch wichtige Punkte wurden zusätzlich mit Stern- oder Viereckschanzen (Redouten), Geschützstellungen mit Blockhäusern und Chartaquen (Wach- und Signaltürme) gesichert.

Maulbronn

Der Ort entstand als Siedlung bei dem gleichnamigen Kloster, wurde aber erst 1838 eine politische Gemeinde. Zur Entstehung des Namens von Ort und Kloster gibt es eine Sage. Im bemalten Deckengewölbe der Brunnenstube sieht man ein Bild dazu: ein Maultier am Brunnen sowie den Namen »Mulenbrunnen«, wobei »Mulen« mit »mulus« (= lat. Maultier) erklärt wird. Ein solches Tier soll der Sage nach von den Mönchen auf die Suche nach einem wasserreichen Siedlungsplatz geschickt worden sein, nachdem am Ort der ersten Klostergründung sich dieses aus Wassermangel nicht wunschgemäß entwickelte.

Gegründet wurde das Zisterzienserkloster 1138 von dem Edelfreien Walter von Lomersheim, und zwar zuerst auf seinem Besitztum in Eckenweiher bei Mühlacker. Angeblich haben die Mönche neun Jahre lang nach Wasser gesucht, bevor sie beschlossen, einen neuen Platz für das Kloster zu suchen. So wurde es vermutlich 1147 hierher ins Salzachtal verlegt, einem feuchten, teils sumpfigen und abgeschiedenen Gelände. Hier machten die Mönche gemäß dem benediktinischen Wahlspruch »ora et labora« (bete und arbeite) das umliegende Land urbar.

Die Zisterzienser wollten mit Arbeit und Askese auf ein ursprüngliches Mönchstum zurückkommen, das Ideal der Armut – der »pauperes Christi« – wurde hochgehalten: Malereien, Goldzierat und Türme waren verboten, statt der Türme waren nur Dachreiter für die Glocke erlaubt. Die Zisterzienser sollten eigentlich arbeiten. Aber dies ließ sich bald nicht mehr mit ihren zahlreichen religiösen Pflichten in Einklang bringen. Dazu kam, dass das Kloster schon früh mit reichen umfangreichen Ländereien beschenkt wurde.

In der Hochzeit des Klosters besaß Maulbronn in mehr als hundert Orten Landgüter und unterhielt viele Pfleghöfe. Auch an anderen Klostergründungen war es durch Entsendung von Mönchen beteiligt. Später erhielt das Kloster den Status einer reichsunmittelbaren Abtei.

Karl IV. übertrug 1372 die Schutzvogtei an den Pfalzgrafen. Dadurch wurde Maulbronn in die Spannungen zwischen der Pfalz und Württemberg hineingezogen, denn das Kloster diente den Pfalzgrafen als Stützpunkt. Im bayerischen Erbfolgekrieg wurde das Kloster 1504 von Herzog Ulrich erobert, außerdem 1525 im Bauern-

krieg besetzt und vom Stocksberger Haufen geplündert. 1534 bis 1537 wurde der Konvent in das Zisterzienserkloster Pairis (Elsass) verlegt, danach kehrten die Mönche für knapp zehn Jahre wieder zurück. Nach der Reformation richtete Württemberg ein Klosteramt ein, das mit 25 Amtsorten zu den größten im Herzogtum gehörte.

Die Maulbronner Klosterschule gab es seit 1556. 1806 wurde das evangelisch-theologische Seminar gegründet. Daraus gingen viele berühmte Menschen hervor, wovon auch viele Nicht-Geistliche waren. Namen bekannter Schüler sind beispielsweise Johannes Kepler, Georg Friedrich Wilhelm Hegel, Friedrich Hölderlin, Hermann Kurz oder Hermann Hesse. Aber nicht alle konnten sich in das harte Leben eines Klosterschülers einordnen. Hermann Hesse hat seine, für ihn nicht gerade glückliche Zeit, literarisch in seiner Erzählung »Unterm Rad« verewigt, auch sein Alterswerk »Glasperlenspiel« ist noch

von seinen Erinnerungen geprägt. Aber auch Johannes Kepler scheint nicht allzu glücklich gewesen zu sein, denn später klagte er: »1586 hab' ich Hartes erduldet und wäre von Sorgen fast verzehrt worden.«

Das Kloster steht seit 1993 unter dem besonderen Schutz der »Internationalen Konvention für das Kultur- und Naturerbe der Menschheit« der UNESCO. Es wurde deshalb aufgenommen, weil es nach Ansicht der Gutachter die »vollständigste unversehrte Klosteranlage der Zisterzienser in Europa« ist.

Die einzelnen Gebäude, gar das innere Klosterareal beschreiben zu wollen, würde den Rahmen dieses Buches sprengen. Die Gebäude sind jedoch vor Ort durch Tafeln erklärt, außerdem ist eine Führung empfehlenswert.

Zur Zeitkalkulation bei einer Besichtigung der Klosteranlage: Für den Rückweg zum Bahnhof benötigen wir bei normalem Gehtempo maximal eine Stunde.

INFOS

Freizeitkarte F517
Stromberg Heu-
chelberg, 1 : 50 000,
Landesamt für
Geoinformation und
Landentwicklung
Baden-Württemberg
(LGL)

www.maulbronn.de,
www.schloesser-
und-gaerten.de,
www.kloster-
maulbronn.de

RB 17c von/nach
Bretten – Bruchsal
und Mühlacker
tägl. alle 60 min.
**RB 72 Klosterstadt-
Express**
*Mai – Okt.:
So u. Feiertage
10–17 Uhr alle
30 min (mit einzel-
nen Ausnahmen),*
**Direktfahrten bis
Maulbronn** (Stadt
und Kloster) von/
nach Pforzheim und
Tübingen

Maulbronn, Bahn-
hof Maulbronn-
West

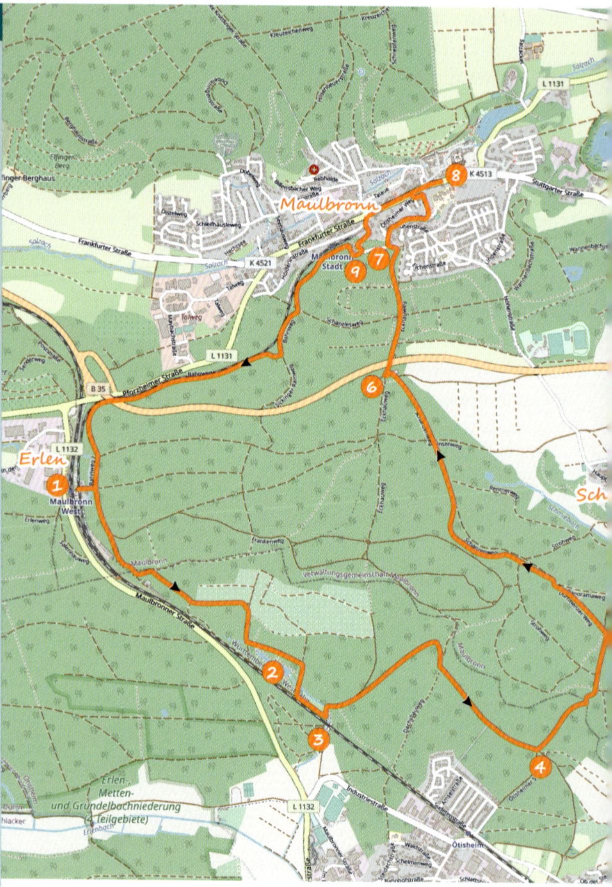

dem **Eppinger-Linien-Weg** weiter. Dessen Zeichen – ein stilisierter Wachtturm – begleitet uns jetzt eine Weile.

Wir ignorieren den rechts abgehenden Dürrmenzer Weg, biegen aber gleich darauf **links** ab ❺. Rechts des Weges sehen wir bald die wallartige **Schanze** der Eppinger Linien. Danach zweigen wir **links** vom breiten Weg ab, nun wandern wir auf dieser Schanze. Wir folgen dem schmalen Pfad, immer auf der Schanze, und queren dabei zwei Forstwege.

Schließlich sehen wir links ein Stück rekonstruierte **Pali- sadenwand** ❻. Jetzt ist der Weg auf der Schanze zu Ende. Wir gehen zum rechts verlaufenden **Forstweg**, dann nach links durch den **Parkplatz** hindurch. Nach ihm folgen wir der **Zufahrtsstraße** nach rechts zur B 35 und überqueren sie. Danach wandern wir geradeaus weiter.

Wir überqueren den **Schänzlesweg** und kommen zu einer links liegenden **Spielwiese** mit Spielplatz und Feuerstelle. Danach geht es zwar geradeaus weiter, wir nehmen aber den linken der beiden Wege, der mit dem **blauen Kreuz** markiert ist. Er bringt uns hinab zur **Höhenstraße** ❼.

Auf ihr gehen wir nach rechts in das **Wohngebiet** hinein. In einer Rechtskurve biegen wir mit dem Schild **Fußweg Klosterhof** links ab. Dieser Weg zieht bald nach rechts. Vor einem **Sportplatz** biegen wir links ab und gehen steil hinab. Nach einer Linkskurve gehen wir in der **querenden Straße** nach rechts zur **Frankfurter Straße**. Wir halten uns **rechts**, zweigen aber gleich **links** ab und kommen in der Klosterstraße in das **Klosterareal** ❽.

Hier können wir uns nun aufhalten, uns umschauen – die vielen Fachwerkgebäude sind auch von außen sehenswert – oder vielleicht sogar die Klosteranlage besichtigen.

Nachdem wir uns an der klösterlichen Pracht satt gesehen haben, gehen wir zurück zur **Frankfurter Straße** und

Die Wanderung führt durch schöne, naturnahe Wälder.

folgen ihr in Gehrichtung. Ab jetzt sind immer wieder Schilder mit der Aufschrift **Fuß- und Radweg zum S-Bahn Haltepunkt Maulbronn West** zu sehen. Ihnen und dem Wanderzeichen **roter Balken** folgen wir nun.

Wir zweigen bald links ab zur **Bushaltestelle Birkenhof** und halten uns gleich danach **links** (Im Schänzle). Gleich darauf erreichen wir die **Feuerwache** ❾. Nach ihr gehen wir nach rechts in den Wald. Jetzt müssen wir nur auf die vorerwähnte **Beschilderung** bzw. das Schild **Bahnweg** achten. Der Weg führt uns meist parallel zur Bahnstrecke.

Wir unterqueren die **B 35**, danach zieht der Weg nach links. Nach einiger Zeit kommen wir zu dem bekannten **Weg**, der nach rechts zum Bahnhof führt.

Ortenauer Weinberge mit Aussichtsturm

4

Von Bühl zum Carl-Netter-Turm

2 Std.

7,5 km

60 Hm

Bühl/Haltepunkt –
Jüdischer Friedhof –
Carl-Netter-Turm –
Weinberge –
Altschweier –
Kappelwindeck –
Bühl

Wir wandern mit
mäßigem Anstieg
auf asphaltierten
Wegen.

Bühl, Aussicht,
Carl-Netter-Turm,
Kappelwindeck

Bühl, Kappelwindeck

*Hinter den Obst-
bäumen ziehen die
Weinberge hinauf
zu den Schwarz-
waldhöhen.*

Weinbergwandern ist immer eine feine Sache; macht
man dies im Sommer oder gar im Herbst mit der prächtigen Färbung des Weinlaubs, ist es ein unvergessliches
Erlebnis. Diese Wanderung bei Bühl führt uns zudem
zu einem Aussichtsturm. Der luftige Carl-Netter-Turm
(Großherzog-Friedrich-Jubiläumsturm) steht mitten in
den Weinbergen und bietet uns eine Aussicht sowohl zu
den Schwarzwaldhöhen als auch über die weite Wein-
berglandschaft der Ortenau. Gut zu sehen sind auch der
Fremersberg und der Iberg mit der Yburg. Für Freunde
der Kultur haben die Orte ebenfalls etwas zu bieten –
in Bühl kommt man an einigen Fachwerkhäusern und
am Alten Jüdischen Friedhof vorbei. Außerdem erwartet uns in Kappelwindeck eine sehenswerte Kirche.

Etwas nördlich des **Bahnhofsgebäudes** in Bühl ❶ geht
die **Eisenbahnstraße** ab. Dieser folgen wir bis zum **Rathaus** und der **Kirche**. Nach dem **Kreisverkehr** führt uns die
Schwanenstraße durch die Fußgängerzone von Bühl. Sie
geht in den **Johannesplatz** über, die uns zur querenden
Grabenstraße bringt.

Quetschebur

In der Fußgängerzone steht die 1987 von Heino Breilmann geschaffene Skulptur des »Quetschebur« (Zwetschgenbauer), der einen Korb mit Bühler Zwetschgen auf dem Kopf balanciert. Sie erinnert an die für die Stadt und Region bedeutende Frucht. Auch unsere Wanderung führt zeitweise durch Baumwiesen mit Zwetschgenbäumen.

Hänferdorf

Das Hänferdorf hat seinen Namen von den fünf Getreidemühlen und den elf Hanfstampfen, die hier einst am Mühlbach standen. Die Hänfer übten ihr Handwerk bis Mitte des 19. Jahrhunderts aus. Das Gebäude Blumenstraße 10 ist das älteste Haus in Bühl; die ehemalige Mühle wurde in den Jahren 1627/1628 erbaut.

An der Grabenstraße halten wir uns links, dann gleich wieder rechts in die **Blumenstraße** ❷. Vorbei an sehenswerten alten Häusern spazieren wir jetzt durch das alte Hänferdorf.

Wo rechts die Mühlenstraße einmündet, biegen wir nach **Haus Nr. 39** ❸ links ab auf den schmalen Fußgängerweg und gehen hinauf zur querenden **Honaustraße**. Wir biegen rechts, gleich darauf links ab. Kurz danach liegt rechts hinter einem Parkplatz der **Alte Jüdische Friedhof** ❹. Er ist zwar verschlossen, aber die sehenswerten Grabsteine kann man sich auch durch das Gitter ansehen, 345 stehen noch. Der Friedhof wurde von 1833 bis 1941 belegt.

Danach folgen wir der Honaustraße noch kurz, bis sie in die Anne-Frank-Straße übergeht. Hier biegen wir links ab in die **Carl-Netter-Straße**. Sie bringt uns hinab zum querenden **Hugo-Fischer-Weg** ❺. Diesem folgen wir nach rechts. Bald verlassen wir das Wohngebiet und wandern durch Baumwiesen.

An einem weißen Steinkruzifix gehen wir rechts vorbei und unterqueren die Straßenbrücke der L 83/Bühlertalstraße. Etwas später beginnen die Weinberge. Wir gehen bis zum **Schild Carl-Netter-Turm** (188 m) ❻. Jetzt lohnt sich ein Abstecher nach links zum bereits sichtbaren Aussichtsturm.

Danach gehen wir zurück zum Wanderschild und halten uns links zu dem steinernen **Kruzifix**. Wir gehen auf dem

Carl-Netter-Aussichtsturm

Der luftige Carl-Netter-Aussichtsturm oder Großherzog-Friedrich-Jubiläumsturm ist zehn Meter hoch und wurde 1902 zu Ehren Großherzog Friedrichs in Stahlskelettbauweise erbaut. Er wurde von den Brüder Adolph und Carl Leopold Netter errichtet, die um die Jahrhundertwende mit ihrem Stahlunternehmen die Weltmärkte erobert hatten und die Stadt Bühl mit Stiftungen und Schenkungen unterstützten. Er trägt Tafeln mit den Inschriften: »Den hochherzigen Stiftern dieses Turmes den Herren Adolf Netter und Karl Leopold Netter zum ehrenden Gedächtnis Schwarzwaldverein Sektion Bühl 24. April 1902« und »Jubilaeums-Thurm 1852 – 1902«. Vom Turm aus hat man einen weiten Blick nach Osten und Norden über die Weinberge und zu den Schwarzwaldhöhen. Markant sind hier der Fremersberg, den man an seinem Turm erkennt, und rechts davon die Ruine Yburg auf dem Iberg. Nach Westen sieht man über das Rheintal. Rechts sieht man den grauen steinernen Kirchturm von Altschweier, rechts davon den barocken Turm der Kirche von Kappelwindeck und noch weiter rechts den Kirchturm von Bühl.

Weg weiter, auch jetzt sollte man die Aussicht beachten. Vorbei an einem einfachen schwarzen Holzkreuz kommen wir zum Schild **Im Feil** (170 m) **7**. Dahinter verläuft die Reblandstraße. Wir gehen auf dem **Fußweg** links von ihr hinab nach **Altschweier**. Die Straße zieht im Dorf vor der **Bühlot** nach links. Am Schild **Altschweier** (165 m) biegen wir rechts ab, überqueren die Bühlot und die Bühlertalstraße und gehen dahinter in der **Rathausstraße** bergauf. An der querenden **Bühlertalstraße** halten wir uns rechts **8**. Noch vor der Kirche biegen wir links ab in die **Herrenbergstraße**.

Nach einer Weile geht sie in den **Riedboschweg** über. Kurz danach biegen wir nach **Haus Nr. 35**, in dessen Garten wir auch einen kleinen Bildstock sehen, links ab in die Straße **Im Eichwäldele**. Nun geht es hinab zum **Friedhof**. Vor ihm steht ein steinernes Kruzifix von 1744. Etwas später biegen wir nach dem eingezäunten Grundstück mit den großen Bäumen rechts ab.

Wir wandern jetzt durch ausgedehnte Baumwiesen, in denen die berühmte Bühler Zwetschge gedeiht. Als **Schillenbühnweg** führt uns der bisherige Feldweg hinein nach

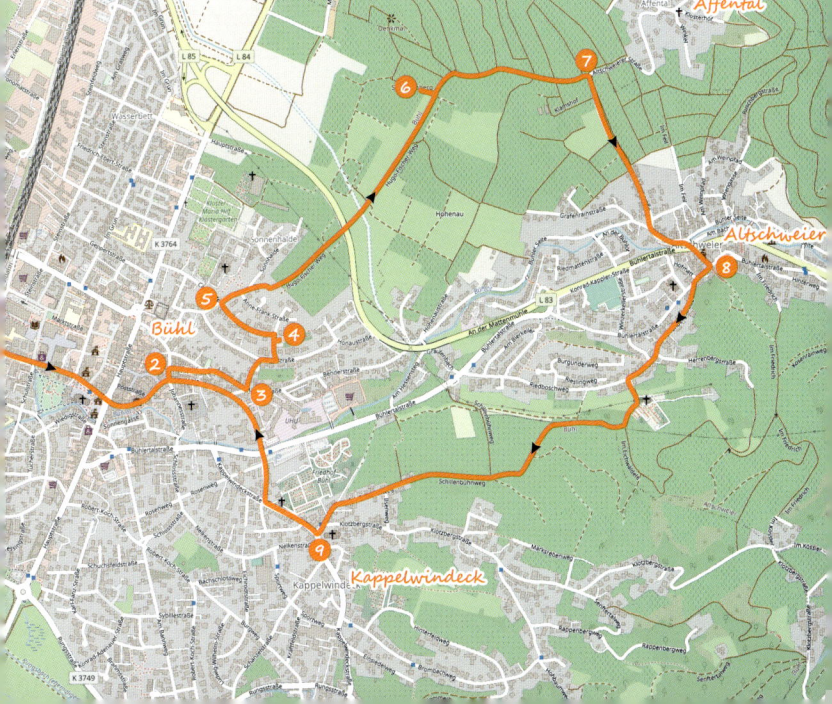

INFOS

Freizeitkarte F501
Baden-Baden,
1 : 50 000, Landes-
amt für Geo-
information und
Landentwicklung
Baden-Württem-
berg (LGL)

www.buehl.de

S 7 von/nach
Achern und
Baden-Baden –
Karlsruhe
tägl. alle 60 min
**RE der Schwarz-
waldbahn** von/
nach Villingen
– Konstanz und
Baden-Baden –
Karlsruhe
*tägl. mind.
alle 60 min*
X34 (Regiobus)
von/nach
Baden-Airpark
und Rastatt
tägl. alle 60 min
Bahnstrecke:
Rheintalbahn

Bühl (Baden),
Haltepunkt

Kirche St. Maria

Die zwiebelturmgeschmückte Barockkirche St. Maria geht auf einen
Vorgängerbau aus dem 13. Jahrhundert zurück. Dieser wurde 1763
abgerissen und durch die heutige
Kirche ersetzt. Innen ist das Gotteshaus mit einer weiß-grau-gol-
denen Farbgestaltung ausgestattet. Die mächtige Linde davor
wurde am 1. April 1737 gepflanzt.

Kappelwindeck, wo wir am Schild **Kappelwindeck Kirche** (150 m) **9** auf die prächtige **Barockkirche** stoßen, die wir schon vom Aussichtsturm aus bewundern konnten.

Hier biegen wir rechts ab in die **Kappelwindeckstraße** und spazieren am Friedhof vorbei. Nachdem wir diesen passiert haben, halten wir uns rechts in die **Kappelkeller-straße**. Nach etwas Bergab überqueren wir die Bühlertal-straße und wandern danach in der **Herrmannstraße** weiter, die bald in die Mühlenstraße übergeht.

Nun sind wir wieder im alten Hänferdorf, in welchem wir einige sehenswerte Fachwerkhäuser, wie zum Beispiel das der Lindenmühle, bewundern können. Bald stoßen wir auf die querende Johannesstraße/Grabenstraße, hinter der die **Fußgängerzone** beginnt. In ihr locken einige Gasthäuser zur Einkehr. Wir spazieren auf bekanntem Weg zur **Kirche** und zum **Rathaus**. Dahinter geht es in der **Eisenbahn-straße** zurück zum **Bahnhof**. Unterwegs kann man auch einen Abstecher nach links zum Stadtgarten machen.

Wer sich nach der kurzen Wanderung noch in Bühl um-sehen will, sollte sich den Flyer mit dem historischen Stadt-rundgang besorgen oder aus dem Internet herunterladen.

Durch den Wald zum Schafott   **5**

Von Calw in den Schwarzwald

 3 Std.

 **9,8 km**

 290 Hm

Calw – Gimpel-
stein – Schafott –
Speßhardt – Ober-
riedt – Alzenberg –
Wimberg – Calw

Wir wandern auf
Pfaden und festen
Wegen. Dennoch ist
die Wanderung auf-
grund des Anstiegs
zu Beginn etwas an-
spruchsvoller. Nach
dem Gimpelstein
wird es flacher.

Altstadt Calw, Wald

Calw

*Idyllische schmale
Pfade führen durch
den Wald.*

*Calw im Nagoldtal besitzt nicht nur eine der schöns-
ten Fachwerkinnenstädte des Landes, sondern liegt auch
mitten im Nordschwarzwald. Von beiden haben wir bei
diesem Ausflug etwas: Wir wandern am Anfang und
am Ende der Tour durch die Fachwerkpracht, dazwischen durch Wald und Freiflächen auf der Höhe. Dass
wir einen Teil der Wanderung auf einem Premiumwanderweg absolvieren, ist Gewähr für eine reizvolle Stre-
ckenführung: Gerade der Aussichtspunkt und das ehemalige Schafott sind hier als Highlights zu nennen.*

Vom über der Stadt liegenden **Haltepunkt der Bahn** ❶
aus gehen wir durch das ZOB Parkhaus – es gibt einen
Aufzug – hinab und vor das Parkhaus zur **Bischofstraße**.
Dort orientieren wir uns in Richtung Stadtmitte, unterqueren die Straße und gehen auf der **Marktbrücke** über die
Nagold. Nun spazieren wir immer geradeaus, wobei wir
den von prächtigen Fachwerkhäusern gesäumten **Marktplatz** vorerst rechts liegen lassen.

Nach der Marktstraße geht es in der **Salzgasse** bis zum
Stadtgarten. Ab jetzt steigt es an. Wir gehen auf dem

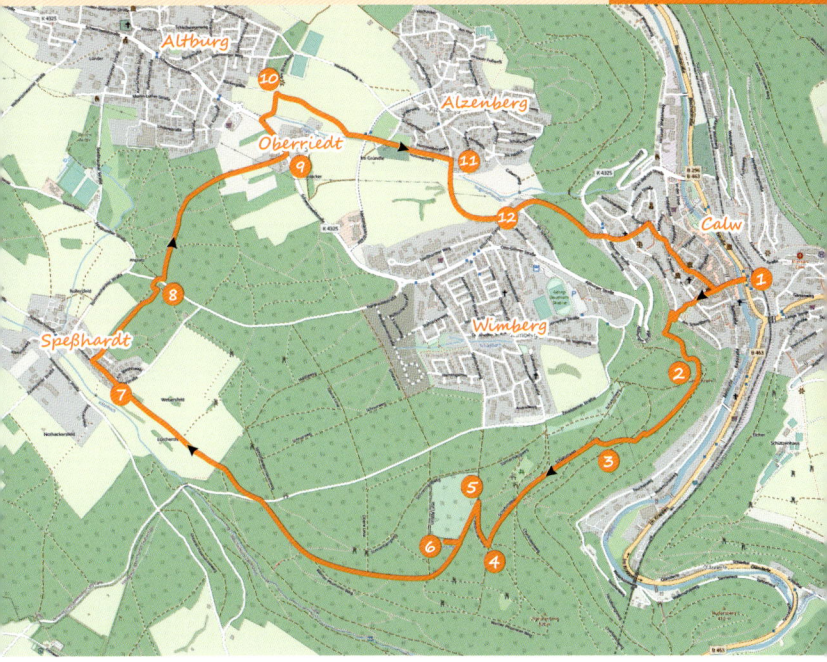

rechten Weg durch die Anlage zum Schild Stadtgarten (380 m). Danach überqueren wir in Richtung »Speßhardt« eine Straße. Nun können wir uns für eine Weile an den **Wanderschildern** mit dem **Bollenhut** und der Bezeichnung **Schwarzwald Genießerpfad** des Premiumwanderwegs »Wasser- Wald- und Wiesenpfad« orientieren.

Wir halten uns nach der **Straße** erst rechts, dann links. Es geht am Schild Schießbach (400 m) vorbei und wir kommen in den **Wald**. Hier überqueren wir gleich eine **Brücke** nach links und kommen zur **Eingangstafel des Premiumwanderwegs**. Es steigt weiter an und wir queren zwei Wege, wobei es beim zweiten Weg etwas nach links versetzt weitergeht. Bald verlassen wir kurzfristig den Wald und kommen nach Treppenstufen zum **Gimpelstein** ❷.

Nach diesem führt der Weg nach links weiter. Nachdem wir einen breiten Forstweg überquert haben, kommen wir zum **Schafott** ❸.

In den **Forstweg** dahinter (Schafottweg) biegen wir links ein, nun geht es eine Weile immer geradeaus bis zu einer **Kreuzung** ❹. Hier orientieren wir uns rechts in den **Werner-Pfrommer-Weg**. Bald erreichen wir das Schild **Wild-**

gehege (517 m) **⑤**. Nun halten wir uns links und wandern am Zaun des Wildschweingeheges entlang. An dessen Ende kann man nach rechts einen Abstecher machen: 100 Meter sind es bis zum **Wölflesbrunnen ⑥**, wo man auf Bänken rasten kann, weitere 200 Meter zur Aussichtsplattform des Wildgeheges.

Ansonsten gehen wir weiter geradeaus. Wir kommen an den Schildern **Beim Wölflesbrunnen** (542 m), **Am Werner-Pfrommer-Weg** (538 m) – wo der Premiumwanderweg links abgeht – und am Schild **Tannenbusch** (555 m) – wo wir eine Straße überqueren – vorbei. Etwas später verlassen wir am Schild **Speßhardter Mauer** (555 m) den Wald und wandern durch Wiesen nach **Speßhardt ⑦**.

Dort treffen wir auf das Schild **Speßhardt Kohlerstraße** (565 m). Kurz danach biegen wir mit dem Schild **Fußweg nach Altburg** rechts ab in die Straße **Sonnenrain**. Wir kommen gleich in den Wald und gehen weiter, bis wir auf einen anderen Weg stoßen. Rechts davon verläuft die **Straße ⑧**. Etwas nach rechts versetzt werden wir wieder nach **Altburg** verwiesen (**Achtung**: Nehmen Sie den Weg, der gleich etwas nach links zieht). Nun gehen wir durch den Wald, bis am dritten querenden Weg die **gelbe Raute** nach rechts weist.

Gimpelstein

Als Gimpelstein wird eine mächtige Sandsteinfelsgruppe über Calw bezeichnet. Hier hat man von einem tafelförmigen Felsbrocken einen schönen Blick auf Calw und das Nagoldtal. Der mindestens seit 1520 bekannte Name kommt von den früher in der dieser Gegend zahlreich vorkommenden Gimpeln, die man hier gefangen hat. Früher war die Felsgruppe wesentlich höher, sie wurde aber 1775 abgetragen, um Felsstürze zu vermeiden. Im Gegensatz zu heute wuchs früher unterhalb des Gimpelsteins kein Wald. In den Jahren zwischen 1904 und 1945 befand sich hier ein Ausflugscafé. Nachdem es beim Einmarsch der Franzosen 1945 abgebrannt wurde, hat man es nicht mehr aufgebaut.

Schafott

Das Schafott wurde bereits 1683 erwähnt. Die letzte Hinrichtung fand 1818 statt. Heute sieht man noch das rund zwei Meter hohe und vier Meter im Durchmesser messende Podest sowie die dazugehörige Treppe.

Ihr folgen wir zum Waldrand, danach wandern wir durch Wiesen zur Straße, wo auf der anderen Seite das Schild **Oberriedt** (565 m)  steht. Wir biegen links ab und zweigen zwischen den **Ortsschildern** von Oberriedt und Altburg rechts ab in Richtung der Sportplätze. Noch vor ihnen halten wir uns am Schild **Altburg Bäckergässle** (570 m) ❿ rechts. Jetzt bietet sich uns für eine Weile ein schöner Blick in die Ferne.

Der von prächtigen Fachwerkbauten umstandene Marktplatz in Calw zählt zu den schönsten im Land.

Nach einiger Zeit queren wir eine Straße, gehen am **Friedhof** von Alzenberg vorbei und kommen zur querenden Straße Wimbergweg, wo wir uns vor **Haus Nr. 13** ⓫ rechts halten. Nach links haben wir einen schönen Blick in ein abfallendes Wiesental. Kurz darauf sind wir in **Wimberg**.

Nach **Haus Nr. 17** zweigen wir links ab in die Straße **Am Windhof**. Jetzt fällt es für eine Weile stärker ab. Wir kommen an einem Denkmal vorbei, queren die Altburger Straße und sind wieder in Calw. Nun gehen wir den **Vorstadtweg** immer bergab. Wir queren die Schillerstraße, spazieren noch etwas abwärts und folgen dann der **Burgsteige** nach rechts. Sie geht in die **Altburger Straße**, diese dann in den prächtigen **Marktplatz** über. Hier sollte man die Schönheit des Fachwerks genießen. Schließlich stoßen wir auf die **Marktstraße**, in der wir nach links auf bekanntem Weg zurück zum **Haltepunkt der Bahn** gehen.

INFOS

Freizeitkarte F502 Pforzheim, 1 : 50 000, Landesamt für Geoinformation und Landentwicklung Baden-Württemberg (LGL)

www.calw.de

RB 74
von/nach Pforzheim und Horb
Mo–Fr alle 30 min
Sa+So alle 60 min
670 (Regiobus)
von/nach
Weil der Stadt
Mo–Fr alle 30 min
Sa+So alle 60 min
X63 (Regiobus)
von/nach
Bad Wildbad – Bad Herrenalb
tägl. alle 60 min
Bahnstrecke:
Nagoldtal-/ Kulturbahn

Calw, Haltepunkt

Nordöstliches Baden-Württemberg

Über die Burgruine zur idyllischen Tauber
Wandern um Wertheim

6

⏱ **3 Std.**

↦ **10,7 km**

▲ **200 Hm**

✝ Wertheim – Burgruine – Höhenwanderung – Waldenhausen – durch das Taubertal – Wertheim

 Wir wandern meist auf festen Wegen, kurze Abschnitte sind auch unbefestigt.

 Altstadt Wertheim, Burgruine

  Wertheim

An solchen Szenen merkt man, dass die Region den Namen »Liebliches Taubertal« zu Recht trägt.

Das »Liebliche Taubertal« trägt seinen Namen nicht ohne Grund – die Gegend um das Flüsschen Tauber ist wirklich lieblich. Zudem hat sie einiges zu bieten. Bei unserer Wanderung zum Beispiel können wir uns gleich am Anfang der Strecke an der Fachwerkpracht Wertheims erfreuen. Außerdem führt sie uns hinauf zu einer riesigen Burgruine. Danach wandern wir zuerst hoch über dem Taubertal mit einigen Aussichtspunkten, abschließend erwartet uns eine gemütliche Strecke entlang des Flusses mit idyllischen Szenerien.

Wir gehen ab dem **Wertheimer Bahnhof** ❶ in der Bahnhofstraße in Richtung **Altstadt** und biegen am **Kulturhaus** links ab über die Brücke. An der querenden Rechten Tauberstraße gehen wir geradeaus weiter; die **Brückengasse** führt uns in die Altstadt bis zum **Marktplatz** ❷. Dort befinden wir uns mitten in der Fachwerkpracht der Stadt.

Wir biegen rechts ab und spazieren bis zu einem schönen **Brunnen** kurz vor der Kirche. Hier orientieren wir uns links.

Gleich darauf erreichen wir das Areal des **Grafschaftsmuseums**. Dort halten wir uns nach dem Haus mit dem blauen Fachwerk, dem **Blauen Haus**, rechts. Nun gehen wir, teils auf Stufen, bergauf und verlassen nach der rechts liegenden Kirche Wertheim. Immer etwas ansteigend kommen wir bis vor die **Burg**.

Unser Weg führt zwar durch das **Rundbogentor** geradeaus weiter, ein Besuch der **Ruine ➌** lohnt sich aber, auch wenn man dazu ein paar weitere Höhenmeter in Kauf nehmen muss.

Danach kehren wir wieder zurück zu dem Rundbogendurchlass und gehen dahinter weiter. Nun folgen wir dem Haagweg bis zu einer Kreuzung bei einem alten **Bildstock➍**. Nach ihm geht es geradeaus auf einem unbefestigten Weg zwischen Waldrand und Feldern weiter.

Nach den Feldern gehen wir kurz in den **Wald**, biegen aber gleich rechts auf einen **unbefestigten Weg ➎** ab. Nun fällt unser Weg wieder ab. Nach dem Wald wandern wir zwischen Feldern und Streuobstwiesen auf einem schönen **Grasweg**. Wir kommen wieder in den Wald, danach über eine Freifläche mit schönem Blick nach rechts nach Wertheim und zur Ruine zu einem schönen Rastplatz mit Tisch und Bänken.

Wertheim

In dem von der mächtigen Ruine überragten Wertheim bietet es sich an, einfach ziellos durch die Gassen zu bummeln und den malerischen »altdeutschen« Eindruck des Städtchens auf sich wirken zu lassen. Wertheim besaß einst 18 Stadttore, von denen das zinnengekrönte Maintor, das Zolltor sowie das Kittsteintor an der Tauber noch gut erhalten sind. In dem als Wach- und Wartturm errichteten Gebäude wurden auch »Trunkenbolde« und »zänkische Weiber« eingesperrt. Der lang gestreckte Marktplatz ist von prächtigen Fachwerkhäusern umgeben. Nr. 6, fälschlicherweise »Zobel'sches Haus« genannt, ist eines der ältesten und wohl schmalsten Häuser Frankens.

Die gotische Stiftskirche entstand 1383/1384 durch den Ausbau einer romanischen Vorgängerkirche. Vor dem Hauptportal steht ein spätgotischer Baldachin. Etwas Besonderes ist die Turmuhr (1544): Das zur Burg weisende Ziffernblatt weist nur den Stundenzeiger auf, das zum Marktplatz besitzt einen zweiten Zeiger (1670). Im Kircheninneren sieht man die Grabmäler der Wertheimer Grafen (15.–18. Jh.).

Gegenüber steht die spätgotische Kilianskapelle (ab 1472), wohl eine der schönsten gotischen Doppelkapellen Deutschlands. Ein Gang um das mit aufwändiger Maßwerkbrüstung und einem Wappenfries verzierte Obergeschoss zeigt den »Wertheimer Affen«, der als Symbol der Eitelkeit gilt. Das Gotteshaus wurde erst als Kapelle für die Stiftsherren erbaut und diente ab 1604 als Lateinschule.
Am Engelsbrunnen (1574) tragen zwei Engel das Wappen der Grafschaft. Außerdem sieht man Skulpturen von Schultheiß, Ratsherr, Stadtbaumeister, Künstler, die den zur Bauzeit bekannten Planeten und ihren Tierkreisbildern (Saturn, Jupiter, Mars, Venus und Hermes) zugeordnet sind. Sehenswert ist auch Gebäude Nr. 6, Gerbergasse, von 1583. Hier, im sogenannten Malerwinkel, wurde im 16. Jahrhundert eine Synagoge erbaut.

Der mit vielen Steinmetzzeichen und Hochwassermarken verzierte Baunachshof in der Friedleinsgasse ist nach dem Weinhändler Lorenz Baunach benannt.
In der Mühlenstraße in der ehemaligen Fürstlichen Hofhaltung (bis 1781) mit dem Weißen Turm der Stadtmauer befindet sich das Rathaus. Die Anlage ging aus dem mittelalterlichen Bronnbacher Klosterhof hervor und wurde im 17./18. Jahrhundert als Hofhaltung des katholischen Fürstenhauses mit aufwändigem Barocksaal ausgebaut.
Das Glasmuseum befindet sich im Kallenbach'schen Haus (1577) und einem benachbarten Fachwerkhaus. Einen Besuch wert ist außerdem das Grafschaftsmuseum, in dem man außer Sammlungen zur Stadt und der Grafschaft auch Bilder des norddeutschen Malers Otto Modersohn (1865–1943) und seiner Malerfreunde sehen kann.

Burgruine Wertheim

Die Burg Wertheim ging aus einer staufischen Anlage hervor und wurde bis ins 17. Jahrhundert zu einem Schloss, einer der gewaltigsten Anlagen Deutschlands, ausgebaut. Sie thront hoch oben über der Stadt und gewährt Einblick in die beiden Täler der Tauber und des Mains. Durch einen Halsgraben ist sie vom dahinter liegenden Berg getrennt. Durch die Schenkelmauer bilden Burg- und Stadtbefestigung eine Einheit. Im 12. Jahrhundert wurde die Anlage nach Süden abgesichert, wozu eine breite Schlucht ausgehoben wurde. Über ihrer Steilflanke wurde dann die Oberburg errichtet, zu welcher der Bergfried gehörte. Eine erste Ringmauer wurde um 1170 erbaut, der Palas liegt in der der nordöstlichen Ecke der Burg. Im 13. Jahrhundert errichtete man eine Kapelle, Seitenwerke und eine zweite Ringmauer. Im 14. Jahrhundert wurde dann die Anlage im Wesentlichen so aus- und umgebaut, wie sie heute noch zu sehen ist. Ende des 14. Jahrhunderts mit dem Aufkommen der Feuerwaffen wurde jenseits der Schlucht das Bollwerk angelegt, im 15. Jahrhundert zusätzliche Bollwerke

geschaffen. Zum Ausbau als Schloss im 16. Jahrhundert gehörte um 1590 auch die Errichtung des Löwensteiner Baus in der Unterburg. Von ihm aus konnte man das Taubertal überwachen. 1619 richtete eine Pulverexplosion erheblichen Schaden an. 1634, im Dreißigjährigen Krieg, wurde die Anlage von den kaiserlichen Truppen zerstört. Danach verfiel sie bzw. wurde als Steinbruch genutzt.

Danach wandern wir wieder im Wald. Nach einem **Rechts-knick** geht es bergab bis zu einem querenden Weg vor einem **Anwesen** ⑥. Ihm folgen wir mit der Bezeichnung **LT 3** nach links. Nach einer Wiesenfläche kommen wir wieder in den Wald. Hier folgen wir dem links abgehenden unbefestigten Weg **LT 3**.

Wir wandern nun auf einem abwechslungsreichen Weg mit lichtem Wald, Obstbäumen und terrassierten Hängen, die auf eine intensive frühere Nutzung hinweisen. Nach dem querenden Hofgraben kommen wir in einen dichteren Wald. Dort knickt unser Weg bald rechts ab ⑦ und wir wandern abwärts. Nach dem Wald überqueren wir die Straße und gehen auf ihrer anderen Seite weiter bis zu einer **Brücke** ⑧. Sie bringt uns nach links nach **Waldenhausen**.

Wir gehen geradeaus bis zum querenden **Mühlwörtweg**. Ihm folgen wir kurz nach rechts, dann der Straße **Steige** nach links. Gleich darauf biegen wir rechts ab in die **Kirchäckerstraße**, danach noch einmal rechts in den **Rüdenholzweg**. Ab jetzt wandern wir ein Stück auf dem belieb-

Idyllischer Weg zwischen Wald und Baumwiesen.

Umleitung

Zur Zeit der Entstehung dieses Buches gab es kurz nach dem Rundbogendurchlass eine Umleitung, die durch ein aushängendes Plakat erklärt wird. Man folgt dazu immer dem Zeichen des **Panoramawegs**. Zuerst wird man nach links verwiesen und steigt auf **Treppen** neben der Burgmauer, später im Wald, hinauf bis zum **Sendemast des SWR**. Kurz danach knickt der Waldweg links ab. Ab jetzt hat man die Steigung im Prinzip geschafft, es folgen nur noch kleine Höhenunterschiede.

Wir treffen bald auf einen **Forstweg**, dem wir in Gehrichtung folgen. Bald erreichen wir den **Weißen Turm**. Hier halten wir uns rechts auf einen unbefestigten Weg. Er bringt uns bis vor einen Hof. Hier halten wir uns rechts in den **Schotterweg**. Der Weg führt uns zwischen dem Fachwerkstall und dem Wohngebiet bergab. Mit weiten Kurven erreichen wir bei einem **Bildstock** ❹ einen querenden Weg. Dies ist der ursprüngliche Weg, in den wir links einbiegen. Ab jetzt stimmen beide Varianten wieder überein.

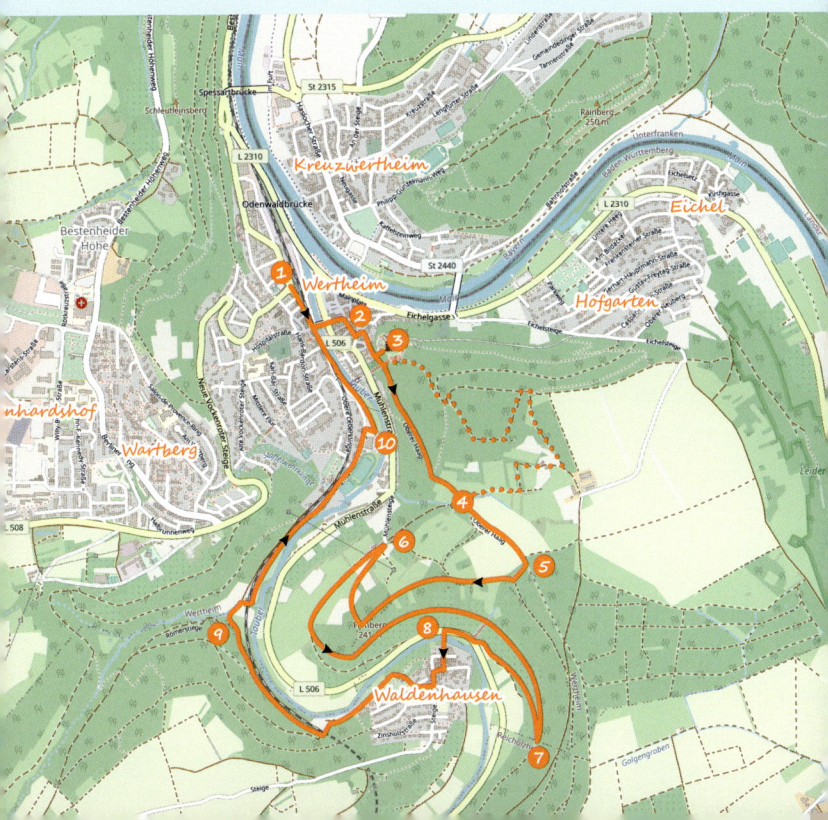

INFOS

Wanderkarte F512
Unteres Taubertal,
1 : 25 000, Hrsg.:
Schwäbischer Alb-
verein e.V., Kartogra-
phie: Landesamt für
Geoinformation und
Landentwicklung
Baden-Württemberg
(LGL)

www.liebliches-
taubertal.de

RB 88 von/nach
Lauda – Crailsheim
Mo–Fr alle 120 min
RE 87 von/nach
Aschaffenburg und
Lauda – Crailsheim
tägl. alle 120 min
**Freizeit-Express
Taubertal** von/nach
Lauda – Crailsheim
Bahnstrecke:
Maintal- und
Tauberbahn
*Mai – Okt:
So und Feiertage
(zwischen Wertheim
und Crailsheim
3 mal tägl.)*

Wertheim, Bahnhof

ten Radweg **Liebliches Taubertal »Der Klassiker«**. Gleich darauf sollten wir die evangelische Petruskirche beachten.

Danach wandern wir auf dem **Radweg** weiter. Nach einer **Brücke** vor einem Zulauf zur Tauber und vor einem **Gebäude** biegen wir mit dem Wanderzeichen **roter Punkt** rechts ab 🟡. Der Weg knickt gleich darauf links ab und wir kommen zu dem großen und gut ausgestatteten **Spielplatz Untere Leberklinge**.

Wir wandern immer geradeaus weiter und passieren einen Wendeplatz zwischen Gebäuden, eingezäunten Gärten und Sportplätzen. Danach gehen wir an der **Main-Tauber-Halle** vorbei. Nach dieser biegen wir rechts ab, nach dem **Parkplatz** 🟠 links.

Nun führt uns der Weg immer links der Tauber an der Altstadt vorbei. Wir können bald entweder auf die **Brücke**, die wir noch vom Anfang her kennen, hinaufgehen und in

Blick zur Petruskirche in Waldenhausen. In ihr und um sie herum sieht man interessante Details.

der Bahnhofstraße zum Ausgangspunkt spazieren oder wir gehen noch ein Stück durch den **Parkplatz** und verlassen diesen durch einen der schmalen Durchgänge nach links zur **Bahnhofstraße**.

Waldenhausen

Die evangelische Petruskirche in Waldenhausen wurde 1338 erstmalig erwähnt. Der Turm als ihr ältester Teil wird auf das 12. Jahrhundert datiert. Der mächtige Turm ist ein Merkmal der in Franken häufig vorkommenden Wehrkirchen. Auch bei den Kirchen in Urphar und Eichel handelt es sich um Bauwerke dieses Typs. Die Petruskirche besitzt innen und außen sehenswerte Epitaphe, vor dem Eingang sieht man ein altes Taufbecken. Innen sieht man im Altarraum zwei Fresken und ein bemerkenswertes Tabernakel. Als Radwegkirche ist sie immer geöffnet.

Aussicht über Hohenlohe 7

Von Eckartshausen zum Burgbergturm

 3 ¾ Std.

↦ 13,8 km

▲ 100 Hm

✝ Eckartshausen –
Roth Ruhe – Burg-
bergturm – Seen –
Ölhaus – Eckarts-
hausen

Wir wandern meist
auf festen Wegen,
nur kurz vor und
nach dem Turm auf
Naturpfaden.

Aussicht vom
Burgbergturm,
Markgrafeneiche

Burgbergturm

*Vor dem Aussichts-
turm steht ein
Modell der ehemaligen
Wallfahrtskirche.*

*Der Burgbergturm des Schwäbischen Albvereins bei Ils-
hofen-Eckartshausen ist mit einer einfachen Wanderung
zu erreichen. Dafür, dass man auf einen Berg mit einem
Aussichtsturm wandert, halten sich die Höhenunterschiede bei dieser Tour in Grenzen. Wir wandern anfangs
und am Schluss durch Felder und Wiesen, dazwischen
durch ein schönes Waldgebiet. Besonders beeindruckend
ist darin die mächtige Markgrafeneiche, von der allerdings
nur noch der abgestorbene Baumstumpf zu sehen ist.*

Zuerst gehen wir vom **Haltepunkt der Bahn** ❶ Ilshofen-
Eckartshausen zum **Kreisverkehr**, überqueren nach
ihm die Gleise und wandern in der **Burgbergstraße** mit
dem Wanderzeichen **blauer Balken** ortsauswärts. An der
nächsten **Verzweigung** halten wir uns mit dem Radwegschild links; bald verlassen wir auch den Ort. Wo danach
geradeaus ein Schotterweg ❷ weiterführt – auf ihm kommen wir später zurück –, folgen wir dem **Asphaltsträßchen**
nach rechts zum Wald.

Nun steigt es sanft an und bald kommen wir an der 1890
errichteten **Roth Ruhe**, die auch mit einer Bank ausgestat-

An der Roth Ruhe mitten im Wald kann man gut rasten.

tet ist, vorbei. Davor kündet ein Stein vom Bau der Burg-bergstraße in den Jahren 1887 bis 1890.

An einer **Wegspinne** gehen wir geradeaus auf dem Sträß-chen weiter. Nach dem querenden Postweg führt der mit dem blauen Balken markierte Weg nach links weiter, wir behalten aber unsere Richtung bei. Wenn man mag, kann

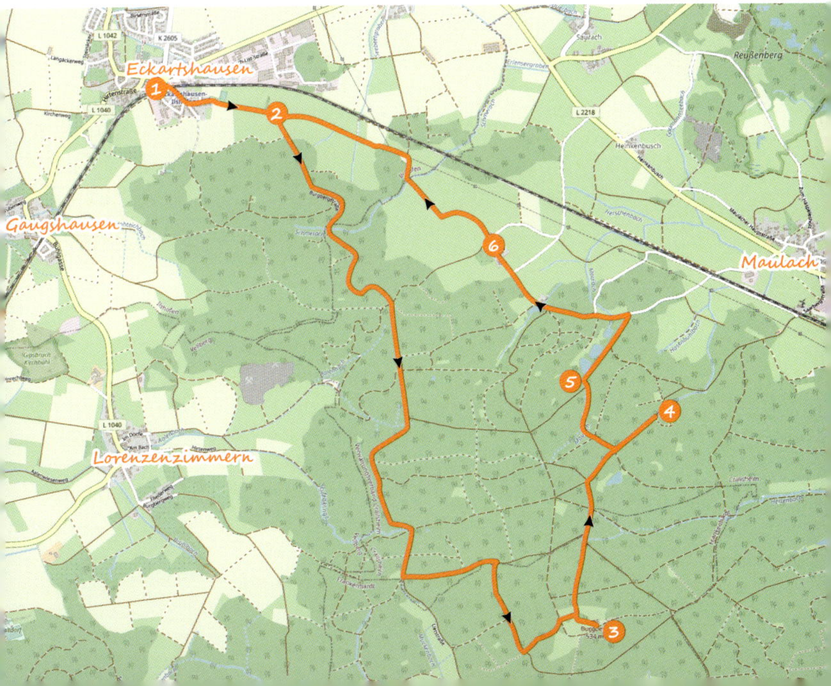

Der Aussichtsturm lohnt auf jeden Fall eine Besteigung. An Werktagen muss man sich vorher den Schlüssel besorgen.

man aber etwas nach links gehen und danach wieder zurückkehren: Dort weist ein an einem Baum befestigtes Schild darauf hin, dass sich hier die Wasserscheide zwischen Jagst und Bühler befindet.

Wir queren den Hohenschlagweg und den Bärenschlagweg und erreichen schließlich links einer Lichtung eine **Wegspinne**. Hier biegen wir mit dem **Radwegschild nach Crailsheim** links ab. Nun wandern wir eine Zeit lang geradeaus, ignorieren, dass das Radwegschild bald nach rechts weist und kommen zum nächsten **rechts abgehenden Weg**; rechts sehen wir das Waldabteilungsschild **27/23 Keppelsgreut**. Hier halten wir uns rechts in den geschotterten **Burgbergweg**. Nun steigt es kurz etwas steiler an.

Nach der Saatschulhütte und einer **Schranke** verlassen wir den Wald. Kurz darauf gehen wir nach **links** auf Pfadspuren durch die Wiese zum Waldrand, wo ein mit dem **roten Kreuz** markierter Pfad weiterführt. Links des Waldes sollten wir aber die drei Mammutbäume betrachten. Sie alle weisen eine außergewöhnliche Form auf: Der erste ist etwa in der Mitte gespalten, die anderen zwei sind entweder am Fuß zusammengewachsen oder haben sich aus einer Wurzel entwickelt.

Wir folgen nun dem **Pfad**, der durch den Wald in einigen Windungen ansteigt und uns auf den Gipfel des Burgbergs führt. Gleich rechts sehen wir ein Modell der ehemaligen Wallfahrtskirche und eine Tafel mit der Geschichte und den Sagen von den drei Steinen und dem Marienbrunnen. Dahinter steht eine Büste von König Wilhelm I. Bereits hier haben wir eine erste schöne Aussicht auf die Hohenloher Ebene. Diese wird sogar noch besser, wenn wir den links stehenden **Burgbergturm** ❸ besteigen.

Blick vom Aussichtsturm über die Hohenloher Ebene.

Burgbergturm

Der Burgbergturm wird auf 145 Stufen bestiegen. Was man oben aus den vier Fensteröffnungen sieht, ist auf Grafiken beschrieben. Interessant ist auch das Gedicht in einem Stil, der für die Erbauungszeit des Turms (1961) typisch ist:

»Uns zum Geschenk
ist dieser Turm erstellt,
dann wir uns freu'n an Gottes Welt.
Nun liegt's an uns
ob man im rechten Geist
und dankbar sich des Baues wert erweist,
dass unser Burgberg sei nun immer da
und unverschandelt, was immer war:
als Ort des Friedens und der weiten Schau
Liebling und Kleinod
unserem Heimatgau.«

Turm und Gaststätte sind an Sonn- und Feiertagen geöffnet und bewirtschaftet. Ansonsten erhält man den Schlüssel bei Ilse Bühler, Eckartshausen, Sommerberg 28, Telefon 0 79 04 2 04. Zu ihr gelangt man, indem man nach dem Bahnhofsparkplatz am Kreisverkehr rechts abbiegt. Kurz danach geht man nach links in die Sommerbergstraße und hält sich gleich darauf rechts.
Vor dem Turm findet man Tische, Bänke und Stühle. Zudem gibt es einen Sandkasten und Abstellmöglichkeiten für Fahrräder.

INFOS

Freizeitkarte
F519 Crailsheim,
1 : 50 000, Landesamt
für Geoinformation
und Landentwicklung
Baden-Württemberg
(LGL)

https://albverein.net

RE 80 von/nach
Heilbronn und
Crailsheim
tägl. alle 120 min
RE 90 von/nach
Stuttgart und Crails-
heim – Nürnberg
tägl. alle 120 min
*RE 80 und RE 90
überlagern sich stünd-
lich*
Bahnstrecke:
**Hohenlohe-
und Murrbahn**

Ilshofen-Eckarts-
hausen, Haltepunkt
der Bahn

Rasten können wir nun oben mit Aussicht oder unten mit Tischen und Bänken. Danach gehen wir auf dem **Anstiegsweg** ein Stück zurück. Wo der Rotkreuzweg nach links abgeht, steigen wir mit dem **blauen liegenden U** geradeaus weiter bergab. Wir überqueren einen Weg und stoßen etwas später auf ein querendes **Asphaltsträßchen**.

Diesem folgen wir geradeaus, vorbei an einer Hütte und dem rechts abgehenden Brunnenwiesenweg. An der nächsten **Verzweigung** halten wir uns mit dem Zeichen **blaues Hufeisen** und dem **Radwegschild** zum Buchklingensee rechts. Am nächsten links abgehenden Weg folgen wir dem Radwegschild nach links. Vorher sollten wir jedoch noch kurz geradeaus gehen: Die markante **Markgrafeneiche** ❹ ist zwar bereits von weitem zu sehen, es lohnt sich aber, sie näher zu betrachten. Der Baum ist bereits abgestorben, aber trotzdem noch ein beeindruckendes Stück Natur.

Danach gehen wir wieder zurück und biegen jetzt **rechts** ab. Nach einer Weile liegen links des Weges drei **Seen** ❺. Beim ersten liegt eine kleine Holzhütte, zu der man hinab gehen und eine letzte Rast einlegen kann.

Danach verlassen wir bald den Wald und biegen **vor der Wiese** links ab. Vorbei an einem weiteren See und einem Anwesen kommen wir nach **Ölhaus** ❻. Wir durchqueren den Weiler und behalten auch an seinem Ende unsere Richtung bei. In den Wiesen zieht unser Weg nach rechts zu den **Überlandleitungen**. Vor ihnen biegen wir links ab und gehen bis zu dem **Asphaltsträßchen** ❷, das wir noch vom Anfang her kennen. Nun geht es auf bekanntem Weg zurück zu unserem **Ausgangspunkt**.

An dem idyllischen Waldsee kann man eine Rast einlegen.

rechts: Die Markgrafeneiche ist auch in abgestorbenem Zustand eine markante Baumgestalt.

Zur schönsten Weinsicht 8

Zwischen Weinbergen, Feldern und Wald bei Besigheim

🕐 **3 Std.**

↦ **10,2 km**

🔺 **170 Hm**

Besigheim/Haltepunkt – Weinberge – Löchgau – schönste Weinsicht – Weinberge – Besigheim

Die Wanderung verläuft durchgehend auf festen Wegen.

Altstadt Besigheim, Weinberge, Aussicht

Besigheim

Zu den schönsten Abschnitten der Wanderung gehören die Strecken durch die Weinberge.

Ein Aussichtsplatz oberhalb von Besigheim wurde 2012 zur »Schönsten Weinsicht« Württembergs erklärt. Nicht ohne Grund – sieht man doch von dort oben über die Weinberge hinab nach Besigheim. Die alten Gebäude um die mächtige Kirche bauen sich wie auf einer Terrasse vor dem Betrachter auf. Die Wanderung selbst führt uns anfangs und am Schluss entlang von Weinbergen, dazwischen zwischen Feldern und Streuobstwiesen sowie durch ein Waldstück.

Den **Haltepunkt der Bahn** in Besigheim ❶ im Rücken biegen wir rechts ab, als Wanderzeichen orientieren wir uns am **roten Punkt** und an der **Traube des Württembergischen Weinwanderwegs**. Die Weinstraße bringt uns zur **querenden Löchgauer Straße**. Ihr folgen wir nach rechts, überqueren die Bahnlinie und biegen gleich danach links ab in die **Luisenstraße**. Gleich darauf halten wir uns rechts in einen **Fußgängerweg** (Fußweg zur Sachsenheimer Steige 2–6).

Nun steigt es immer an, bis wir vor Haus **Nr. 27** ❷ nach links verwiesen werden. Der Weg verläuft nun zwischen

Streuobstwiesen und der letzten Häuserreihe. Ab den queren den Stromleitungen sind wir in der Natur und wandern zwischen Weinreben.

Wo sich unser Weg in **zwei asphaltierte Wege** verzweigt ❸, folgen wir dem rechten. Am nächsten **Querweg** biegen wir rechts ab, nun begleiten uns Felder. Vor einem Spiel- und einem **Parkplatz** ❹ biegen wir links ab. Wo es nicht mehr geradeaus weitergeht, halten wir uns **rechts** und kommen bald zur **Löchgauer Straße**. Hier biegen wir rechts ab, überqueren die Straße und orientieren wir uns gleich links in die **Industriestraße** ❺.

Nun wandern wir eine ganze Weile geradeaus, erst durch das Gewerbegebiet, nach der querenden Besigheimer Straße durch ein Wohngebiet. Dort biegen wir nach etwas Anstieg rechts ab in den **Walheimer Weg** ❻. Auf ihm verlassen wir den Ort.

Nach einem rechts liegenden Hof halten wir uns links zum **Waldrand** und dort rechts. Kurz darauf liegt links ein **Gebäude** ❼. Hier biegen wir links ab, unterqueren Stromleitungen und wandern durch die Felder bis links der **Wald** anfängt ❽. Hier halten wir uns links in die **Waldsteige**.

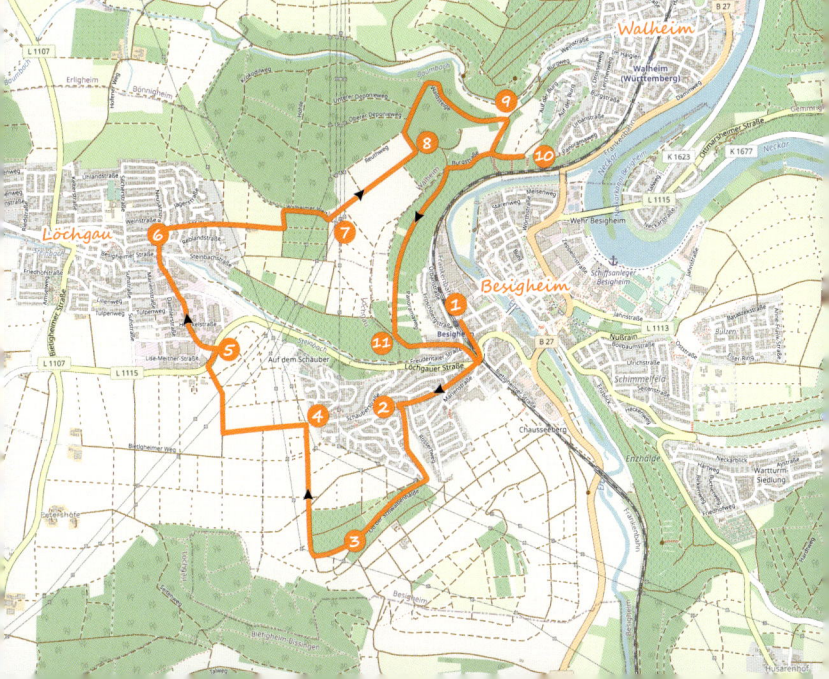

INFOS

Freizeitkarte F517
Stromberg Heu-
chelberg, 1 : 50 000,
Landesamt für
Geoinformation und
Landentwicklung
Baden-Württemberg
(LGL)

www.besigheim.de

RB 18 von/nach
Heilbronn – Oster-
burken und Stuttgart
– Tübingen
tägl. alle 60 min
RE 12 von/nach Heil-
bronn und Stuttgart
– Tübingen
Bahnstrecke:
Frankenbahn
Mo–Sa alle 60 min

Besigheim,
Haltepunkt

Im Wald zieht der Weg nach rechts, nach etwas Bergab beschreibt er einen Rechtsbogen. Nach weiterem Bergab verlassen wir den Wald und stoßen auf ein querendes **Asphaltsträßchen** 9. Es bringt uns nach rechts hinauf vor die Weinberge.

Hier gehen wir später nach rechts weiter, zuerst sollten wir aber den ersten Blick auf die Enz und Besigheim genießen. Dann machen wir einen kurzen Abstecher nach links zur »**Schönsten Weinsicht 2012**« 10. Hier hat man nicht nur eine weitere prächtige Aussicht, sondern kann auch auf den Bänken gut rasten.

Danach gehen wir zurück und dort, wo wir vorhin von rechts gekommen sind, weiter, nun etwas aufwärts. Kurz

Vor allem im Herbst zur Zeit der Laubfärbung ist der Blick zu den Weinbergen und hinab ins Neckartal großartig.

Schönste Weinsicht

Der Wettbewerb um die schönsten Weinsichten wurde vom Deutschen Weininstitut 2012, 2016 und 2020 veranstaltet. Hierbei wurde aus jedem der 13 deutschen Weinanbaugebiete die schönste Weinsicht ausgewählt. Die Aussicht von dieser Stelle über dem Zusammenfluss von Neckar und Enz wurde 2012 zur »Schönsten Weinsicht Württemberg« er-

klärt. Von hier hat man einen prächtigen Blick auf Besigheim, nach rechts sieht man die terrassierten Steillagen entlang der Enz. Bei klarer Sicht sieht man sogar bis zum Stuttgarter Fernsehturm. Nach Osten hat man flussaufwärts das Neckartal mit den Hessigheimer Felsengärten im Blickfeld. Nach links, neckarabwärts in Richtung Norden, sind ebenfalls terrassierte Steillagen zu sehen.

Noch ist Sommer, aber die Trauben sind schon gut entwickelt.

danach folgen wir aber an einer **Kreuzung** mit dem **Zeichen des Württembergischen Weinwanderwegs** dem Panoramaweg nach links. Wir wandern immer oberhalb der Steillagen und können durchgehend die Aussicht genießen. Nach einer Weile liegt links eine **Aussichtskanzel**, etwas später stoßen wir auf die **Löchgauer Steige** 😊. Auf ihr gehen wir nun steil bergab. Zuerst wandern wir zwischen Weinbergmauern, danach durch ein Wohngebiet.

Schließlich stoßen wir auf die bekannte **Löchgauer Straße**. Wir halten uns links, nach der **Brücke**, die über die Gleise führt, noch einmal und kommen zurück zum **Haltepunkt** der Bahn. Hat man noch Zeit und Lust, kann man jetzt noch das gemütliche Städtchen Besigheim auf der anderen Seite der Enz besuchen. Dort kann man einkehren und die vielen prächtigen Fachwerkhäuser bewundern.

Willkommen in Besigheim

Besigheim liegt idyllisch am Zusammenfluss von Neckar und Enz. Mit seinem mittelalterlichen Stadtkern, schmucken Fachwerkhäusern und umgeben von einzigartigen Steillagen–Weinbergen lädt Besigheim zum Verweilen ein. Besonders das Besigheimer Winzerfest ist hierbei erwähnenswert, welches alle zwei Jahre im September stattfindet. Seit Herbst 2016 ist es möglich die Steillagen hautnah zu erleben. Auf der Aussichtskanzel oberhalb der Weinberge hat man einen herrlichen Ausblick über die ganze Stadt und die nähere Umgebung.

www.besigheim.de

Alte Stadt und Wasserfälle   9

Sehenswertes Murrhardt

🕐   **3 ¼ Std.**

↦   **11,8 km**

▲   **230 Hm**

Murrhardt – Vorderer Wasserfall – Hinterer Wasserfall – Waltersberg – Murrhardt

Wir wandern vorwiegend auf festen Wegen. Um die Wasserfälle gehen wir auf Pfaden, direkt an den Wasserfällen ist wegen der Steilabstürze Vorsicht geboten.

📷

Altstadt Murrhardt, Wasserfälle

🍴🎁

Murrhardt

Vor dem Wald finden wir auch Streuobstwiesen.

Das mitten im Naturpark Schwäbisch-Fränkischer Wald liegende Städtchen Murrhardt hat nicht nur als Stadt viele Sehenswürdigkeiten zu bieten. Auch die Natur um es herum lockt mit dichten Wäldern, vor allem aber mit den beiden Wasserfällen und lädt ein sie zu erkunden. Der Vordere und der Hintere Hörschbachwasserfall sind die größten und beeindruckendsten im Schwäbisch-Fränkischen Wald, der auch sonst eine große Zahl von Natursehenswürdigkeiten aufzuweisen hat.

Wir gehen vom **Bahnhof** ❶ in Murrhardt aus auf der westlichen Parkplatzzufahrt hinab zur **Durchgangsstraße**. Etwas nach rechts versetzt überqueren wir die **Murr** in Richtung der Fachwerkhäuser. Nach diesen stoßen wir auf die **Karlstraße**. Wir halten uns rechts, dann biegen wir gleich links in die **Blumstraße** ab.

Ihr folgen wir zu einer Querstraße vor der **modernen Kirche**, wo rechts die Kaiser-Ludwig-Straße abgeht ❷. Hier gehen wir geradeaus in der **Fritz-Ehrmann-Straße** weiter. Nach kurzem Bergauf biegen wir links in den **Großgar-**

tenweg ab . Nach steilem Anstieg knickt die Straße als **Höhenweg** rechts ab. Nun wandern wir mit den Zeichen **blauer Punkt** und dem Zeichen des **Rems-Murr-Wanderwegs** immer geradeaus am Ortsrand entlang, ignorieren die rechts abgehenden Straßen Amselweg und Georg-Elser-Weg und treffen schließlich auf ein **Sträßchen**. Ihm folgen wir zum **Waldrand** ❹.

Dort ignorieren wir den links abzweigenden Wanderweg und folgen dem Sträßchen bis zu einem **Parkplatz**. Hier gehen wir nach links zum **Vorderen Wasserfall** ❺.

Danach gehen wir zurück zur **Straße** und folgen ihr nach links. Sie steigt vorerst steil an und knapp einen halben Kilometer später erreichen wir nach einer Grillstelle einen weiteren **Parkplatz**.

Vorderer Wasserfall

Der Hörschbach, der wohl der bekannteste Seitenzufluss der Murr ist, fällt beim Vorderen Wasserfall rund fünf Meter über eine harte Steinmergelbank des Gipskeupers, die sogenannte Engelhofer Platte, in die Tiefe.

Sie entstand vor etwa 200 Millionen Jahren und ist nur bis zu 60 Zentimeter dick. Da das darunterliegende mergelige Gestein des Gipskeupers weicher ist, wurde es ausgespült und die Platte brach ab; Bruchstücke von ihr liegen im Bachbett.

INFOS

Freizeitkarte F518, 1 : 50 000, Schwäbisch-Fränkischer Wald, Landesamt für Geoinformation und Landentwicklung Baden-Württemberg (LGL); Wanderkarte mit Radwegen Blatt 54-542, Backnang Murrhardter Wald, 1 : 25 000, NaturNavi

www.murrhardt.de

RB 19 / RE 19 von/nach Stuttgart und Gaildorf West – Schwäbisch Hall-Hessental
RE 90 von/nach Stuttgart und Schwäbisch Hall-Hessental – Crailsheim – Nürnberg
Bahnstrecke: Murrbahn
RB 19 / RE 19 / RE 90 von/nach Stuttgart Mo–Sa alle 30 min, So alle 60 min
RE 19 / RE 90 von/nach Crailsheim tägl. alle 60 min (RE 19 mit Umstieg in Schwäbisch Hall-Hessental)
von/nach Nürnberg tägl. alle 120 min

Murrhardt, Bahnhof

Wir gehen durch den Parkplatz hindurch und wandern auf dem Wasserfallweg geradeaus weiter. Es steigt immer wieder etwas an bis zu einer Abzweigung bei einem Felsaufschluss. Hier werden wir nach links zum »**Hinteren Wasserfall**« ❻ verwiesen. Nun fällt es wieder.

Nun wandern wir am Bach entlang in Richtung **Wasserfallgaststätte**. Etwas später knickt der Weg links ab und wir steigen auf einer **Holztreppe** hinauf zum **Waldrand**. Hier halten wir uns links und gehen entlang der Baumwiesen zur **Hörschhofer Sägmühle** ❼, früher auch Gaststätte.

Hinter ihr biegen wir links ab und wandern auf dem Sträßchen in den Wald. Nach einiger Zeit zweigt links ein Forstweg in Richtung Murrhardt ab. Wir folgen aber dem **rechten Weg**, der uns zum Waldrand bringt. Danach geht es über Wiesen nach **Waltersberg** ❽.

Hintere Wasserfälle

Bei den Hinteren Wasserfällen widerstand der harte Kieselsandstein der Erosion, der Bach fraß sich aber durch eine steile Schlucht in die Schichten des Keupermergels. Das Wasser fällt hier zuerst drei Meter senkrecht, dann in mehreren Kaskaden insgesamt rund zwölf Meter tief. Oberhalb des letzten Wasserfalls befindet sich ein Rückhaltebecken mit einer Stellfalle. Hier steht an einem Baum die Aufforderung zu lesen:

»Wanderer, mach die Falle auf,
lass dem Wasser seinen Lauf.
Hast du den Fall beschaut in Ruh,
Mach die Falle wieder zu.«

Ein Scherzbold, der sich wohl über die schwergängige Stellfalle geärgert hatte, soll einmal das Gedicht wie folgt erweitert haben:

»Wanderer, bring ein wenig Schmer,
denn die Falle geht so schwer!«

Murrhardt

Murrhardt ist eine uralte Siedlung, in der bereits die Römer lebten. In markanter Lage auf einem Sporn des Waltersberges liegt auf den Grundmauern eines römischen Heiligtums die evangelische Walterichskirche (1489, gotischer Chorturm 1300) mit schöner Ausstattung. Außen sieht man einen aus Holz geschnitzten Ölberg (1525). Vor der Kirche steht das Armenhaus (Totengräberhaus) von 1770. Die Klosteranlage nahm einst ein Drittel der Kernstadt ein. Die frühere Klosterkirche, heute die evangelische Stadtkirche, ist eine mächtige, doppeltürmige Basilika mit drei Schiffen. Ihre Ursprünge gehen auf die Zeit um das Jahr 1000 zurück. Ihr wertvollster Teil ist die berühmte Walterichskapelle (um 1230), ein spätromanisches Meisterwerk mit gut erhaltener Bauplastik; man sollte sich auch den Bauschmuck auf der anderen Seite ansehen. Auch wenn man keine Gelegenheit hat, in das Innere der Kirche bzw. der Kapelle zu gelangen, sollte man das reichgeschmückte Bauwerk doch von außen bewundern! Am Marktplatz steht am oberen Ende rechts neben dem Rathaus das Naturpark Zentrum des Naturparks Schwäbisch-Fränkischer Wald, in welchem man eine Ausstellung besuchen kann. Auch wer durch die Straßen schlendert, wird noch so manches sehenswerte Gebäude entdecken. Die bedeutendsten sind durch Schilder erklärt. So manches Wirtshausschild ist auch einen Blick wert. Wenn man noch Zeit hat, sollte man unbedingt die Städtischen Kunstsammlungen besuchen, ebenso das Carl-Schweizer-Museum. Letzteres ist ein sehenswertes Heimatmuseum mit unter anderem vielen ausgestopften Tieren.

In diesem Weiler folgen wir dem **querenden Weg** nach links. Bald erreichen wir den **Wald**; nun geht es steil hinab bis zu der **Straße ❹**, die wir noch von Angang her kennen. Nach rechts geht es auf bekanntem Weg zurück zum **Bahnhof**.

    Wer noch Zeit hat, sollte sich vor der Rückfahrt noch in der Stadt umsehen. Dazu folgen wir am besten der **Kaiser-Ludwig-Straße** nach rechts ❷. Nach der links liegenden Schule kommen wir in den **Stadtgarten**. Rechts oben steht die **Walterichskirche**, geradeaus die evangelische Stadtkirche, die frühere Klosterkirche. Wenn wir links an ihr vorbeigehen, kommen wir zur prächtigen **Walterichskapelle**. Nun gehen wir links der Kirche entlang an den

Fachwerkhäusern in der Kirchgasse zum **Marktplatz**. Er ist von prächtigen Häusern umgeben. Man kann hier den Brunnen bewundern, einkehren oder das beim Rathaus liegende Naturparkhaus besuchen. Es empfiehlt sich, im Bezirk zwischen Stadtkirche und Marktplatz etwas durch die Gassen zu bummeln, man wird immer etwas Interessantes entdecken.

Zurück zum Bahnhof folgen wir am Marktplatz **9** der **Hauptstraße** nach Norden, biegen links in die **Karlstraße**, dann gleich rechts in die **Postgasse** ein. Danach überqueren wir nach rechts die **Murr** und folgen gleich darauf der **Murrgasse** nach rechts bis zur Bahnhofstraße. Hinter dieser liegt der **Bahnhof**.

Wo die Kelten die Aussicht genossen

10

Von Bopfingen auf den Ipf

🕐 **2 ¾ Std**

↦ **8,5 km**

▲ **210 Hm**

Bopfingen – Freilicht-
museum – Gipfel Ipf –
am Fuß des Berges
entlang – Bopfingen

Leicht, wir wandern
meist auf festen
Wegen, nur auf dem
Anstieg zum Ipf auf
einem Pfad.

Altstadt Bopfingen,
Freilichtmuseum,
Aussicht vom Ipf

🍴 🛍
Bopfingen

*Schon beim Aufstieg
zum Ipf bietet sich uns
eine herrliche Aussicht
über das flache Land.*

*Der Ipf, wohl einer der markantesten Berge der Schwä-
bischen Alb, ist in Bopfingen natürlich das Ausflugs- und
Wanderziel Nummer 1. Eine einfache Wanderung führt
dorthin. Der 360-Grad-Rundumblick von oben ist gran-
dios und das kleine Freilichtmuseum am Fuß des Berges
ein historisches Schmankerl, das viel über den Berg, die
Natur und die Geschichte seiner Besiedlung erzählt.*

Wir gehen nach dem Verlassen des **Bahnhofs Bopfingen ②** etwas nach links zu den Bussteigen und dort
nach rechts im **Bahnhofweg** bergab. Im Zentrum spazieren wir links an der **Kirche** vorbei zur **Hauptstraße**. Dort
biegen wir rechts ab.

Kurz danach halten wir uns an dem prächtigen, rot ge-
strichenen **Rathaus** mit dem Wanderzeichen **rote Gabel**
links in die Schmiedgasse. Dieser folgen wir bis nach dem
großen **Einkaufszentrum Ipf Treff**. Dort biegen wir rechts
ab und kommen zur **Neuen Nördlinger Straße**.

Wir orientieren uns rechts, halten uns aber gleich links
in die **Kirchheimer Straße ②**. Nach dem großen Gewer-
beanwesen biegen wir links ab in die **Lindenstraße ⑤**,

gleich darauf mit dem **Wanderzeichen** rechts in die Alte Kirchheimer Straße ❹. Nun steigt es an. Nach dem Ort wandern wir durch die Felder bis zum **Parkplatz** am Fuß des Ipf.

Hinter ihm biegen wir links ab. Hier sollten wir uns das kleine **Archäologische Freilichtmuseum** ❺ ansehen.

Wir folgen dem Weg kurz weiter, dann biegen wir an der **Infotafel** mit der Erklärung zum Blick in das Ries links ab. Später kommen wir wieder hierher zurück. Nun geht es auf einem teils steil, teils mäßiger ansteigenden **Naturweg** hinauf zum Gipfel des **Ipf** ❻. Beachten sollten wir dabei die knorrigen, alten Bäume der Lindenallee.

Unterhalb des Gipfels kommen wir an den Resten der Schutzwälle vorbei. Auch wenn es – vor allem wahrscheinlich Kinder – lockt: Man darf sie nicht besteigen.

Archäologisches Freilichtmuseum – Keltenwelt Ipf

Das Archäologische Freilichtmuseum besteht aus einem offenen Pavillon mit vielen Informationstafeln, einer rekonstruierten keltischen Pfostenschlitzmauer und einem keltischen Haus.

Ipf

Das 30 Kilometer große, flache Becken des Nördlinger Ries' teilt die Schwäbische von der Fränkischen Alb. Es entstand vor rund 14 Millionen Jahren durch einen Meteoriteneinschlag. Am westlichen Riesrand erhebt sich der 668 Meter hohe Ipf. Dieser eigentümlich geformte Berg ist geprägt durch Wall- und Grabensysteme, die teilweise aus der späten Bronzezeit stammen. Der Ipf wird aufgrund entsprechender Funde zu den keltischen Fürstensitzen gerechnet. Neben einer imposanten befestigten Höhensiedlung und importierten Luxusgütern aus dem Mittelmeerraum wurden 2001 die Kreisgräben von zwei monumentalen Grabhügeln entdeckt. Der kleinere enthielt eine Brandbestattung und ist mittlerweile rekonstruiert. Im Jahr

2015 wurde eine Freilichtanlage mit der Rekonstruktion eines keltischen Fürstenhofes am Fuße des Ipf eröffnet. In der Umgebung des Bergs gibt es eine Vielzahl von Siedlungen, Gräberfelder der Hallstatt- und Latènezeit sowie keltische Viereckschanzen. In der Eisenzeit war der Ipf ein Verkehrsknotenpunkt von überregionaler Bedeutung im Fernhandelsnetz zwischen Donau, Main und Neckar.

Auf dem Gipfel des Ipf bietet sich uns außerdem eine grandiose Aussicht. Sie reicht von Bopfingen über Oberdorf zu den außergewöhnlichen Berggestalten der Gegend wie dem Karkstein oder dem Goldberg, zum Schloss Baldern und bis ins Ries mit Nördlingen, das man an dem hohen Turm seiner Kirche, dem Daniel, erkennen kann.

Danach gehen wir wieder hinab bis zu dem **Weg**, an dem wir vorhin abgezweigt sind. Diesem folgen wir nach links; jetzt haben wir nach rechts eine weite Sicht über die Landschaft, nach links bietet sich uns ein Blick hinauf zum Ipf.

Wir passieren eine **Infotafel** mit einer Erklärung der Aussicht ins Sechtatal. Später knickt der Weg **rechts** ab , gleich danach wandern wir wieder nach links weiter. Nach einer **Infotafel** mit einer Erklärung zum Karkstein folgt eine Tafel mit einer Erklärung zum Egertal. Vor den Häusern zweigen wir links ab auf einen **Feldweg** , der uns nun oberhalb von Oberdorf weiterführt. Nach dem Rechtsbogen danach halten wir uns links, gleich aber wieder rechts zum **unteren Weg** . Ihm folgen wir nach links.

Jetzt sollten wir ein letztes Mal die Sicht zum Ipf genießen, denn wir kommen nach **Bopfingen**. Nach der **Schule am Ipf** wandern wir in der Lindenstraße weiter. Sie bringt uns zum Abzweig der Alten Kirchheimer Straße , dann zur Kirchheimer Straße ❸. Nach rechts gehen wir nun auf bekanntem Weg zurück ins Zentrum. Wer will, schaut sich jetzt ein wenig in den alten Gassen um. Zum Bahnhof folgen wir wieder dem Bahnhofsweg.

INFOS

Freizeitkarte F522 Aalen, 1 : 50 000, Landesamt für Geoinformation und Landentwicklung Baden-Württemberg (LGL)

www.bopfingen.de

RB 89 von/nach Aalen und Donauwörth
Bahnstrecke:
Riesbahn
Mo – Fr alle 60 min
Sa + So alle 120 min

Bopfingen, Bahnhof

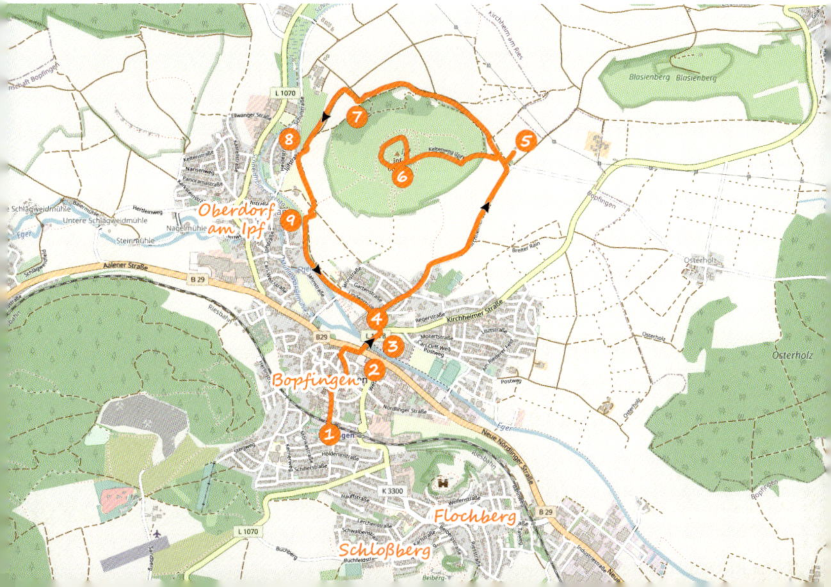

Auf dem Zickzackweg zum Aussichtsturm   **11**

Von Oberkochen über den Volkmarsberg zum Schwarzen Kocher

 2 ¼ Std.

↦ **7,7 km**

▲ **260 Hm**

Oberkochen – Volkmarsberg – Mutterbuche – Skihütte – Quelle Schwarzer Kocher – Oberkochen

Wir wandern, anfangs mit steilem Anstieg, in vielen Serpentinen hinauf zum Aussichtsturm. Durch die Stadt auf Straßen, später auf einem Pfad. Zurück gehen wir anfangs und auch am Ende auf asphaltierten Wegen, vor dem Quelltopf auf teilweise steil abfallenden Steigen, die bei Feuchtigkeit auch rutschig sein können.

Wacholderheide um den Aussichtsturm, Aussicht, Landschaft um die Kocherquelle

Kiosk am Aussichtsturm (nur kalte Getränke); Oberkochen

Der Zickzackweg heißt nicht nur so, er verläuft in zickzack-förmigen Serpentinen und erleichtert so den Aufstieg aus dem Kochertal zum Volkmarsberg. Dort können wir nicht nur die Aussicht über die Ostalb vom Aussichtsturm aus genießen, sondern auch eine prächtigen Wacholderheide mit vielen knorrigen Weidbäumen bestaunen. Abschließend besuchen wir beim Abstieg noch die Quelle des Schwarzen Kochers.

W ir folgen der gegenüber dem **Bahnhof** ➊ von **Oberkochen** abgehenden Bahnhofstraße mit dem Wanderzeichen **rote Gabel** bis zur querenden Heidenheimer Straße. Etwas nach links versetzt geht es in der **Dreißentalstraße** weiter, nun steigt es an.

Am Ende des Gebäudekomplexes der Firma Zeiss biegen wir rechts ab in den **Turmweg** ➋. An der nächsten **Kreuzung** führt dieser nach links steil hinauf. Ab der querenden **Sonnenberg-/Panoramastraße** geht es auf einer **Treppe** bis in den Wald, vorübergehend nur mit dem Zeichen des **Jakobswegs**. Dort beginnt der **Zickzackweg**. Wir ignorieren beim Aufstieg die in Falllinie abgehenden Pfade, weil

Volkmarsberg

»Ein anderer Ausflug von Aalen geht auf den südöstlich von der Stadt gelegenen Langert, einen mächtigen, bewaldeten Weißjurastock, auf dessen höchster Höhe ein vom Albverein erstellter Aussichtsturm steht. Wer damit nicht genug und noch weitere Thaten auszuführen Lust hat, der gehe zum Volkmarsberg hinüber, der, noch ein beträchtliches höher, von einem ebenfalls seit kurzem hier errichteten Turm aus eine großzügige Rundschau gewährt.« Pfarrer Dr. Engel: Unsere Schwäbische Alb. Ulm, 1900.

Bis 1912 stand auf dem 743 Meter hohen Volkmarsberg ein zur Aussichtsplattform umgebautes Vermessungsgerüst. Dann wurde 1930 der 23 Meter hohe Betonturm auf einer etwa vierzig Meter über die umliegenden Albhöhen emporragenden Kuppe erbaut. Er kostete 31 000 Reichsmark. Von 1939 bis 1960 war er vom Militär in Beschlag genommen; erst vom deutschen, nach dem Krieg vom amerikanischen. Seine Wiedereinweihung fand 1960 nach einer Renovierung in Gegenwart des Altministerpräsidenten Reinhold Maier und des langjährigen Albvereinsvorsitzenden Georg Fahrbach statt. Die Gipfelkuppe auf der einst »Völkerberg« genannten Erhebung schmückt eine schöne, als Naturschutzgebiet ausgewiesene Wacholderheide mit sehenswerten alten Wetterbuchen. Von der einst mächtigsten, der Mutterbuche, steht heute nur noch der Stumpf. Von dem Aussichtsturm auf diesem markanten Punkt der Ostalb aus hat man eine großartige Fernsicht über die benachbarten Berge zu den Höhen des Welzheimer Waldes sowie der Limpurger und der Ellwanger Berge. Hier im Norden liegt der Rücken des Langert, dahinter in der Ferne der Hohenberg, das Ellwanger Schloss und der Schöneberg mit der Wallfahrtskirche bei Ellwangen (19 km). Weiter entfernt sieht man die Gegend um Crailsheim und bis hin zum Hesselberg. Im Süden liegen Königsbronn und Heidenheim. Bei guter Sicht sieht man auch über die breite Talfurche von Kocher und Brenz, die den Albuch vom Härtsfeld trennt. Außerdem erblickt man bei gutem

Wetter in der Ferne die dichten Wälder des Albuchs und sieht bis zu den Alpen mit Karwendel, Wetterstein, Lechtaler und den Allgäuer Alpen mit Säuling (149 km), Nebelhorn (152 km), Hochvogel (159 km), Mädelegabel (166 km) und Widderstein (165 km), Bregenzer Wald, Scesaplana (190 km) und Säntis. Weitere markante Punkte sind Ulm (44 km), Neresheim (19 km), Hohe Brach (18 km), Burg Katzenstein (24 km), Zugspitze (165 km) und in den Alpen die Drei Schwestern (179 km).

Beim Turm gibt es eine bewirtschaftete Hütte (kalte Getränke, Snacks, einfache Vesper) und eine Grillstelle. Öffnungszeiten: Aussichtsturm und Volkmarsberghütte Sa 13–20 Uhr, So u. Feiertag 10–18 Uhr; sonst Schlüssel bei Hans-Peter Wolf, Telefon 0 73 64 52 05, E-Mail: wolf.hape@t-online.de, www.albverein-oberkochen.de.

Weidbäume

Außer Wacholder sehen wir auf dem Volkmarsberg auch überaus knorrige und mächtige alte Weidbäume. Weidbäume oder -buchen finden wir in vielen Weidegebieten. Meist sind es Rotbuchen. Ihre markante Form kommt daher, dass in ihren jungen Jahren die Rinder die Blätter und jungen Äste in »Maulhöhe« abfressen. Da auch die Spitze des Stamms angefressen wird, verzweigt sich dieser. Äste können sich nur oberhalb der Fraßhöhe entwickeln. Oft sind es mehrstämmige Bäume. Auch durch Tritte, Wind, Schnee und andere Faktoren werden die Bäume in ihrem Wuchs beeinträchtigt. Durch die Beeinträchtigungen wachsen sie sehr langsam und können bei einer Größe von einem Meter trotzdem bereits 30 bis 50 Jahre alt sein. Da die Bäume auch als Schattenspender für die Tiere dienen, blieben sie auf den Weiden erhalten und sind im Laufe der Zeit zu mächtigen Bäumen mit großer Krone angewachsen. Sie können wie »normal« wachsende Buchen bis zu 250 bis 300 Jahre alt werden.

sie steil nach oben führen, und wandern auf dem geringer ansteigenden Zickzackweg weiter.

Wir werden gleich nach dem **Waldrand** ❺ nach rechts verwiesen und orientieren uns immer an der **roten Gabel**. Immer ansteigend queren wir zwei breite Forstwege und verlassen schließlich auf der Höhe den Wald. Nun geht es nur noch sanft bergauf durch die als Naturschutzgebiet geschützte Wacholderheide hinauf zum **Aussichtsturm** ❹.

Am Turm weist uns das Zeichen **rote Raute** nach links hinab in Richtung Kocherursprung. Auch jetzt geht es wieder durch die Wacholderheide hinab. Vor einem querenden Weg steht rechts der Rest der einst riesigen **Mutterbuche** ❺; sie zeigt wie ein mahnender Zeigefinger in die Höhe und erinnern uns an die Vergänglichkeit auch der stärksten Bäume.

Wir biegen links ab und folgen dem **asphaltierten Sträßchen** bergab. Es geht an der Skihütte vorbei und hinab zu einem **Parkplatz** ❻, der

Beeindruckend – die mächtigen Buchen auf dem Volkmarsberg.

INFOS

Freizeitkarte F522
Aalen, 1 : 50 000,
Landesamt für
Geoinformation
und Landentwick-
lung Baden-Würt-
temberg (LGL)

www.
oberkochen.de

RB 57 / RE 57
von/nach
Aalen und Ulm
tägl. alle 60 min
IRE 50
von/nach
Aalen und Ulm
tägl. alle 120 min
Bahnstrecke:
Brenzbahn

Oberkochen,
Bahnhof

*Um die Quelle
des Schwarzen
Kochers grünt
eine üppige Natur.*

Quelle des Schwarzen Kochers

Die als Naturdenkmal geschützte Quelle des Schwarzen Kochers ist die größte Karstquelle in Oberkochen. Es gibt hier mehrere Quellaustritte aus dem Hangschutt und den Wohlgeschichteten Kalken des Weißen Jura, die sich immer tiefer in den Berg einschneiden. 1551 bis 1644 stand hier ein Eisenhüttenwerk, das im Dreißigjährigen Krieg zerstört wurde. Danach betrieb man von 1646 bis Mitte des 18. Jahrhunderts eine Schlackenwäsche. Von den dunklen Schlackenresten im Flussbett soll der Name »Schwarzer Kocher« stammen. Hier kann man den Karstquellenweg beginnen, der zu zahlreichen anderen Quellen führt. Die Schüttung der Quelle beträgt im Durchschnitt 680 l/s mit einer Schwankungsbreite, je nach Jahreszeit und Witterung, zwischen 50 l/s und 4000 l/s.

vor den ersten Häusern von Oberkochen und einem Sendemast liegt. Hier folgen wir der **roten Raute** nach rechts.

Kurz danach biegen wir links ab auf einen **Pfad**. Er bringt uns zu einem breiten **Forstweg**, dem wir nach rechts folgen. Gleich danach werden wir aber wieder auf einen **links abgehenden Weg** verwiesen. Er geht etwas später in einen schmalen Pfad über.

Jetzt müssen wir aufpassen, denn kurz darauf weist uns das **Zeichen für »Tour 2«** nach links auf einen steil abfallenden Pfad. Er macht anfangs einen recht wilden und zugewachsenen Eindruck, geht aber später in einen besseren Pfad über, der eben weiterführt. Etwas später zweigen wir mit der **roten Gabel** links ab auf einen wieder abfallenden Pfad ❼. Kurz darauf erreichen wir einen querenden **Pfad**. Direkt unter uns sehen wir schon die Wasserfläche des Kocherursprungs. Wir halten uns links und kommen hinab zur **Quelle des Schwarzen Kochers** ❽.

Nun folgen wir dem Pfad zum **Parkplatz** ❾. Links von ihm überqueren wir den **Bach** und gehen links von ihm und anfangs vorbei an Fischweihern weiter. Zwischen den **Fabrikgebäuden** halten wir uns rechts und kommen zu einem **Kreisverkehr** am Eingang der Firma Zeiss. Wir halten uns nach ihm rechts und erreichen den nächsten Kreisverkehr. Hier biegen wir links ab in die **Heidenheimer Straße** in Richtung Stadtmitte. Später biegen wir rechts in die bekannte **Bahnhofstraße** ein und spazieren zurück zum **Bahnhof**.

Südwestliches
Baden-Württemberg

Idyllischer Karsee   **12**

Hinauf zum Huzenbacher See

2 ¾ Std.

9,2 km

330 Hm

Huzenbach/Halte-
punkt – Huzen-
bacher See –
Huzenbach –
entlang der Murg –
Haltepunkt

Im Anstieg wandern
wir manchmal auf
steilen, aber gut zu
gehenden Forst-
wegen und Pfaden.
Der Rückweg erfolgt
auf Forstwegen.

Huzenbacher See

Huzenbach

*Immer ein Erlebnis:
Mit der Bahn
durchs Murgtal.*

Etwas Besonderes im Schwarzwald sind die Karseen, von denen wir bei dieser Tour einen der schönsten besuchen: den idyllischen Huzenbacher See. Er liegt auf der Gemarkung des beliebten Urlaubs- und Gourmetortes Baiersbronn. Huzenbach war im vorletzten Jahrhundert auch durch eine andere Sache kurzfristig berühmt: durch die Huzenbacher Maschine, die, wenn sie langfristig funktioniert hätte, eine Sensation gewesen wäre. Am Anfang unserer Tour steigt der Weg zwar bis zum See ständig an, dafür wird der Rückweg gemütlicher, denn es geht nur bergab.

Wir folgen ab dem **Haltepunkt** ❶ **Huzenbach** der Straße in Richtung Ort, biegen aber gleich nach der **Murg** links ab. Dort finden wir den **Fuhrmannsbrunnen** und das **Wanderschild Fuhrmannsbrunnen** (479 m). Dort werden wir bereits zum **Huzenbacher See** verwiesen.

Wir steigen auf einer **Treppe** im Wald steil an, danach gehen wir über die Wiese zu den Häusern und dem Schild **Roter Rain** (522 m). Hier biegen wir links ab. Vor dem Wald

Huzenbacher Maschine

Eine Besonderheit Huzenbachs war der ab 1755 betriebene Holzaufzug, die sogenannte Huzenbacher Maschine. Sie war rund 1200 Meter lang und führte mit einem Höhenunterschied von rund 350 Metern von Huzenbach bis kurz vor Besenfeld. Warum? Nun, seinerzeit gab es hier noch zwei Staaten. Der Abtransport des Holzes aus dem württembergischen Schwarzwald endete an der Landesgrenze zu Baden. Nachdem verschiedene württembergische Einigungsversuche gescheitert waren, wurde versucht, mittels der Maschine das Holz über den Berg ins Enz- und Nagoldtal und über Neckar und Rhein nach Holland, dem Hauptabnehmer der Stämme, zu transportieren. Ein erster Plan geriet zunächst in Vergessenheit. Der Straßburger Engel, der später mit dem Bau beauftragt wurde, griff jedoch auf diesen zurück. Er verschwand zwar nach Beginn der Bauarbeiten mit einem Vorschuss von 500 Gulden auf Nimmerwiedersehen nach Straßburg, die Maschine wurde aber trotzdem zu Ende gebaut. Sie bestand aus 700 Baumstämmen von 10 bis zu 22 Metern Länge. Damit die Hanfseile nicht nass wurden, war die Anlage mit Bretterwänden und einem Dach versehen. Auf der Strecke gab es elf Räderhäuser; in jedem mussten acht bis zehn Männer ein Rad drehen, um Stamm für Stamm bergauf zu kurbeln. Man errechnete nach dem ersten Betrieb, dass ein Stamm ungefähr sechs bis sieben Stunden brauchen würde und auf der ganzen Anlage bei Vollbetrieb ungefähr zwölf Stämme pro Tag auf den Berg transportiert werden können. Am 14. August 1758 wurde die Maschine aber durch einen Unfall zerstört und nicht wieder aufgebaut.

INFOS

Freizeitkarte F502
Pforzheim, 1 : 50 000,
Landesamt für
Geoinformation und
Landentwicklung
Baden-Württemberg
(LGL)

www.baiersbronn.de

S 8 von/nach
Rastatt – Karlsruhe
und
Baiersbronn –
Freudenstadt
tägl. alle 60 min
Bahnstrecke:
Murgtalbahn

Baiersbronn-Huzen-
bach, Haltepunkt

beschreibt das Sträßchen eine Rechtskurve, hier folgen wir dem Wanderzeichen **gelbe Raute** nach links in den Wald ❷. Nun steigen wir auf einem Pfad steil an bis zu einem **Forstweg**. Ihm folgen wir in Gehrichtung, werden aber gleich mit der **gelben Raute** nach rechts verwiesen.

Ein nun mäßig ansteigender Forstweg bringt uns zum Schild **Heuweg** (658 m) ❺. Hier halten wir uns links. Nach etwas Bergauf kommen wir zum Schild **Dobelwald** (705 m), wo wir rechts abbiegen. Beim Schild **Lieberg** (776 m) gehen wir auf dem rechten Weg geradeaus und eben weiter. Nach einiger Zeit steht links oberhalb des Weges die **Graner Hütte**, danach weist uns ein Schild darauf hin, dass wir jetzt im Nationalpark Schwarzwald wandern. Kurz darauf sehen wir links des Weges eine **Mauer**, eine der für den Holztransport errichteten Rampen.

Danach haben wir nach rechts einen schönen Blick über die dicht bewaldeten Hänge des Schwarzwalds. Später kommen wir an einer weiteren Rampe vorbei. Danach erreichen wir eine **Kreuzung**. Hier folgen wir geradeaus gehend dem linken, leicht ansteigenden Weg. Kurz darauf stehen wir am Schild **Große Tanne** (769 m) ❹. Scharf rechts geht unser Rückweg ab.

Nun haben wir zwei Möglichkeiten. Die längere Variante ist, dass wir geradeaus weitergehen und den See umrunden. Beim Schild **Huzenbacher See** (753 m) auf der anderen Seeseite biegen wir rechts ab und wandern, vorbei an Bänken, auf dem sich dahin schlängelnden Pfad wieder hierher zum Wanderschild.

Kürzer und mit fast genauso viel Sicht auf den See ist es, wenn wir den **Pfad** gegenüber dem Wanderschild nehmen. Er führt hinab zum See und auf die andere Seite. Unterwegs gibt es auch Bänke zum Ausruhen und um den Blick auf den See zu genießen. Man verweilt, solange man will, kehrt dann wieder um, hinauf zum Schild **Große Tanne**.

Nun geht es, wie oben beschrieben, bergab. Im Prinzip müssen wir nur dem abwärts führenden **Forstweg** folgen. Er wird später vom munteren Geplätscher des Seebachs begleitet. Wir kommen am **Rossbrunnen** vorbei, später am Schild Silberwald (530 m). Schließlich sind wir im Tal, wo vor den Häusern links eine Wassertretanlage liegt. Danach sehen wir das Wanderschild **Seebachstraße** (480 m) und gehen geradeaus zur **Murgtalstraße** ❺.

Hier biegen wir rechts ab und wandern in wenigen Minuten zurück zum Haltepunkt der Murgtalbahn.

Rampen

Solche niedrigen Mauern findet man öfters im Schwarzwald. Es waren Rampen für die Holzabfuhr. Auf sie wurden die gefällten Baumstämme gezogen, sodass man sie leichter auf die Schlitten zur Abfuhr laden konnte.

Huzenbacher See

Der Huzenbacher See gehört zu den neun Karseen im Nordschwarzwald. Er ist 7,5 Meter tief und 2,7 Hektar groß, sein Wasservolumen beträgt 111 000 Kubikmeter; der Karboden selbst ist fünf Hektar groß. Der See ist der am tiefsten gelegene Karsee; in seiner Nähe befinden sich noch weitere Gletscherkare, allerdings ohne See. Seinen Namen hat er von der »Hut«, also der Grenze (hier verlief die Grenze des Reichenbacher Klosterwalds).

Der See entstand, wie die anderen Karseen, in der letzten Eiszeit. Im Talschluss des Seebachs vereisten die Quellen zu kleinen Gletschern. Bedingt durch die Lage im Wind- und Sonnenschatten häuften sich darauf große Schneemassen, die in den kühlen und kurzen Sommern nicht abschmelzen konnten. Sie verdickten im Laufe der Zeit zu Firn und Eis. Das schließlich sechzig Meter dicke Eispaket riss bei seinem langsamen Kriechen ins Tal den Untergrund wannenartig aus und schuf das ovale Rund des Gletscherkars. In der Abschmelzzone blieb das mitgeführte Sand- und Gesteinsmaterial liegen und häufte sich zu einem hohen Schuttdamm (Moränenwall) auf, der das Tal verriegelte. Dahinter staute sich der See auf. Der aufgeschüttete Sperrriegel besteht aus mehreren aufeinandergetürmten Wällen; dies zeigt, dass durch die klimatischen Schwankungen das Eis vor- und zurückstieß. Der wasserreiche

Ausfluss grub eine tiefe Schlucht in das lockere Material des Damms. Dadurch wurde der Wasserspiegel laufend gesenkt – bis schließlich zum heutigen kleinen Moorsee mit einer Fläche von 2,7 Hektar. Früher wurde der See als Schwallsee für die Flößerei genutzt. Im Sommer 1895 baute die Forstverwaltung eine künstliche Stauvorrichtung, um ihn ein bis zwei Meter aufzustauen. Man hoffte, durch den Aufstau auch das Verlandungsgebiet beseitigen zu können. Allerdings

hob sich dieses mit dem steigenden Wasserspiegel, löste sich vom Ufer und bildete eine ringförmige Insel mitten im See. Die Forstverwaltung versuchte, diese durch das Beladen mit Steinen zum Sinken zu bringen; dies gelang jedoch nicht und die Steine versanken. »Der schwebende Rasen ist ein Geflecht von Wurzeln, Wassermoosen und jungen Stämmen. Auf dieser Rasendecke gedeiht ein üppiger Pflanzenwuchs, eine wahre Freude für den Botaniker von Fach'«, so C. Regelmann 1901 in der Zeitschrift des Württembergischen Schwarzwaldvereins. Heute wachsen auf dieser Insel sogar Bäume. Die schmale Verlandungszone ist vor allem von Schnabelseggen bewachsen. Durch diese wächst der See immer mehr zu. Die vielen gelben Teichrosen wurden erst im 19. Jahrhundert künstlich eingebracht. Besonders schön am See ist die Zeit im Juni und Juli, wenn die Teichrosen blühen, oder im Herbst, wenn das Gras seine leuchtend orange-gelbe Farbe erhält.

Viel Aussicht und dunkler Wald   **13**

Von Freudenstadt zum Friedrichsturm

 2 ¾ Std.

 8,6 km

▲ 130 Hm

Freudenstadt/
Hauptbahnhof –
Herzog-Fried-
rich-Turm – Äußere
Riviera – Berghütte
Lauterbad – Haupt-
bahnhof

Wir wandern am
Anfang und am
Schluss durch die
Stadt, was zu Beginn
einen Anstieg mit
sich bringt. Danach
führt die Tour auf
festen Forstwegen.

Herzog-Fried-
rich-Turm, Wald

Am Aussichtsturm,
Berghütte Lauter-
bad, Freudenstadt

*Der Blick aufs Nahe-
liegende und in
die Ferne lohnen
gleichermaßen.*

Der Herzog-Friedrich-Turm, auch Friedrichsturm genannt, oberhalb von Freudenstadt bietet einen herrlichen
Blick hinab zur Stadt, aber auch einen 360-Grad-Rund-
umblick. Auf der einen Seite über die Schwarzwaldhöhen, auf der anderen ins Vorland des Schwarzwalds
und bis zur Schwäbischen Alb. Danach führt uns die
Wanderung in die dunklen Tannenwälder des Nord-
schwarzwalds. Hier bekommen wir einige sogenannte
Holländertannen zu sehen – riesige, schön gerade ge-
wachsene Bäume, die früher bei den Holländern sehr
beliebt waren. An den Transport zu den Abnehmern
in Holland erinnert auch die Skulptur des Flößers aus
dem Roman »Das Kalte Herz« von Wilhelm Hauff.

Wir nehmen, den **Freudenstädter Bahnhof** ❶ im Rücken, die links abgehende Herzog-Eberhard-Straße.
Ihr folgen wir bergauf bis zur **Konrad-Schott-Straße**. Hier
halten wir uns links, dann gleich wieder rechts in den
Stumpengartenweg. An der querenden **Landhausstraße**
halten wir uns rechts, dann gleich links in die **Bismarck-
straße**. Sie bringt uns zur querenden Lauterbadstraße.

Hinter ihr gehen wir in den **Park Courbevoie**. Dort folgen wir dem Wanderzeichen **gelbe Raute** nach links. Nach dem Park ❷ folgen wir der **Huppenbauerstraße**. Etwas später wandern wir in dem nach rechts ziehenden **Paul-Lechler-Weg** durch den Wald bergauf.

Oben angekommen verlassen wir den Wald und gehen etwas nach rechts versetzt vor dem Wohnhaus ❸ die **Stufen** hinauf, »Friedrichsturm« ist bereits angeschrieben. Es geht durch die Wiesen zu ein paar Häusern, wo wir etwas weiter links bereits den **Aussichtsturm** ❹ hinter den Bäumen sehen.

Herzog-Friedrich-Turm

Der Herzog-Friedrich-Turm wurde 1899 als Geschenk der Bürger zum 300-jährigen Jubiläum der Stadt im Stil eines alten Bergfrieds aus Buntsandstein des nördlichen Schwarzwalds erbaut. Dieser Stil war für die damalige Zeit typisch. Weder vorher noch nachher hat man Aussichtstürme im Stil eines Bergfrieds erbaut. Über dem Eingang sehen wir ein prächtiges württembergisches Wappen. Von dem 25 Meter hohen Turm aus hat man eine prächtige Sicht auf Freudenstadt, über die Schwarzwaldhöhen in Richtung Murgtal, Dornstetten und Schopfloch und bei guter Sicht bis zur Schwäbischen Alb. Neben dem Turm befinden sich eine Liegewiese und die Rosenpergola. Der Turm ist im Winter geschlossen (etwa von Mitte Oktober bis Mitte April).

INFOS

Freizeitkarte F504
Freudenstadt,
1 : 50 000, Landesamt
für Geoinformation
und Landentwicklung
Baden-Württemberg
(LGL)

www.
freudenstadt.de

S8 Murgtalbahn
von/nach
Rastatt – Karlsruhe
und Eutingen im
Gäu – Bondorf
tägl. alle 60 min
S81 Murgtalbahn
(Eilzug) von/nach
Rastatt – Karlsruhe
tägl. alle 120 min
RE 14B Gäubahn
von/nach Bondorf
(bei Herrenberg) –
Böblingen –
Stuttgart / **S8**
tägl. alle 60 min
**SWEG
Kinzigtalbahn**
von/nach Offenburg
tägl. alle 60 min
**Murgtäler Rad-
express** von/nach
Heidelberg –
Mannheim
*Mai – Okt:
So u. Feiertage
Direktverbindung
vormittags von
Mannheim und Hei-
delberg nach Freu-
denstadt, nachmit-
tags Rückfahrt*

Freudenstadt,
Hauptbahnhof

Vor dem Turm gehen wir nach **links** zu der Baumreihe und
halten uns nach ihr vor der Wiese rechts in den **Frank-Buh-
mann-Weg**. Hier sehen wir auch mit der Rosenpergola ein
reizvolles Stück Gartenarchitektur.

An der Pergola entlang spazieren wir zum nächsten **Querweg**. Dort biegen wir am Schild **Friedrichshöhe** (799 m)
links ab und kommen in den Wald. Wir folgen nun mit
dem Zeichen des Ostwegs, der **rotschwarzen Raute**, dem
Forstweg immer geradeaus. Unterwegs kommen wir an der
Wildhütte (804 m) vorbei, danach erreichen wir am Schild
Äußere Riviera (807 m) **5** einen querenden Weg.

Nun geht es nach links weiter. Wir wandern am Burgkopf
(770 m) vorbei und erreichen etwas später die **Berghütte
Lauterbad 6**. Hier hat man nach rechts einen weiten Blick
zur Schwäbischen Alb. Der Name Hohenzollernblick ver-

rät außerdem, was man als Landmarke bei gutem Wetter sehen kann.

Danach kommen wir zu einer **Verzweigung** 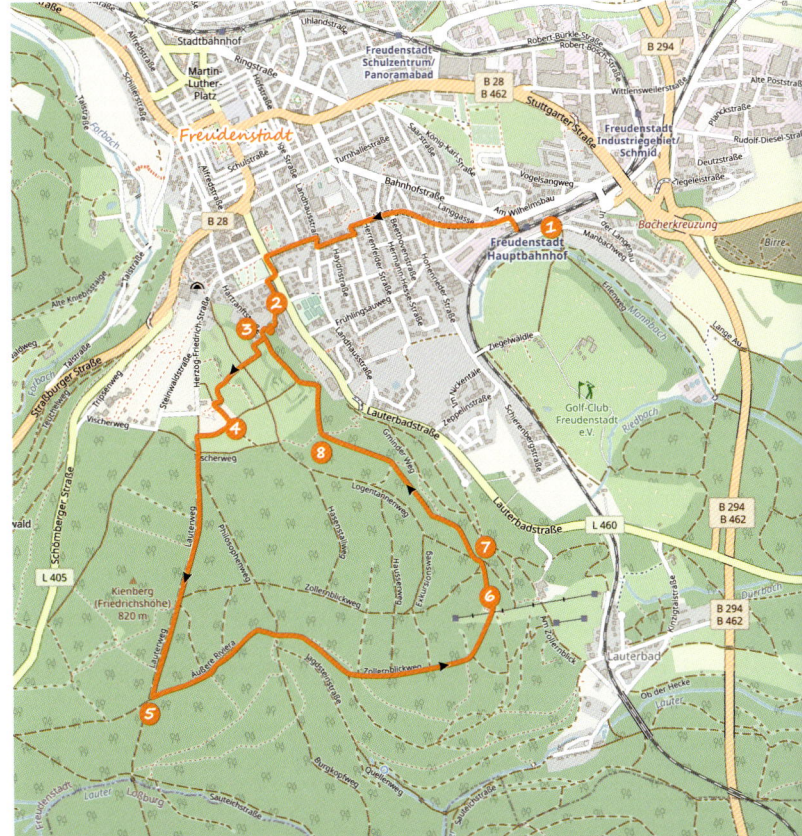, an der wir eine hölzerne Skulptur sehen. Sie stellt den Flößer aus der Erzählung »Das Kalte Herz« von Wilhelm Hauff dar. Wir wandern auf dem **rechten Weg** weiter. Links des Weges kann man hier einige idyllische Totholz-Szenerien entdecken.

Der Weg führt uns an weiteren hölzernen Kunstwerken und der mit einem Relief geschmückten **Köhlerhütte** vorbei. Danach kommen wir wieder auf die Freifläche, auf der links oben der – von hier jedoch nicht sichtbare – Herzog-Friedrich-Turm steht.

Wir wandern immer geradeaus bis vor das **Wohnhaus** , das wir noch vom Anstieg her kennen. Nach **rechts** gehen wir nun auf dem Anstiegsweg zurück zum **Bahnhof**.

Unterjesinger Wengertwegle   **14**

Zwischen Streuobstwiesen, Wald und Weinbergen

🕐   **2 ½ Std.**

↦   **7,4 km**

▲   **240 Hm**

✝
Unterjesingen
Mitte – Friedhof –
Bayler Kap – Him-
bachtal – Wägner
Kap – Baylerberg –
Friedhof – Halte-
punkt

👢
Die Wanderung
verläuft meist auf
Pfaden, zwischen-
durch aber auch
auf geschotterten
oder asphaltierten
Wegen.

📷
Weinberge, Aussicht

🍴 🏨
Unterjesingen

*Fahrt durch
das Ammertal.*

*Entgegen mancher Vermutung verläuft dieses Wengert-
wegle nicht nur ausschließlich in Weinbergen, sondern
auch Streuobstwiesen und Wald sind tragende Elemente
dieser Wanderung. Am schönsten sind aber sicherlich die
Blicke von unterwegs über die Weinberge ins Ammertal,
zur Wurmlinger Kapelle und hinab nach Unterjesingen.*

Wir halten uns am **Haltepunkt** der Ammertalbahn **Un-
terjesingen Mitte** , die Gleise im Rücken, links
(westlich). Die Ammertalbahnstraße bringt uns zur queren-
den **Rottenburger Straße**. Dort biegen wir rechts ab. Etwas später orientieren wir uns links in die **Untere Straße**.
Ihr folgen wir eine Weile, dann zieht sie als **Brunnenhalde**
nach rechts hinauf zur **B 296** (Jesinger Hauptstraße). Hier
gehen wir kurz nach rechts, dann halten wir uns links in
die Straße **Kirchhalde**. Auf ihr wandern wir hinauf zum
Friedhof .

    Etwas weiter oberhalb biegen wir am Wanderschild
Nördlich Kirchhalde (378 m) links ab. Der Weg fällt etwas, dann kommen wir am Schild **Spielberg** (373 m) vorbei.

Grubbank

Diese Steinbänke werden auch Ruh-bank, Gruh-, Krugstatt genannt, was vom schwäbischen »gruaba« (ru-hen) kommt. So werden Sandstein-bänke genannt, die für Lastenträger, Händler, Handwerker oder Markt-frauen an vielbegangenen Wegen und nach Steilstrecken gebaut wur-den. Da die Leute früher arm waren, erfolgten Transporte oft auf dem Kopf, außerdem waren die Stra-ßen in einem schlechten Zustand. Die Frauen trugen ein »Bäuschle« auf dem Kopf, eine Art gepolsterter Untersetzer. Eier, Obst und Gemüse wurden in »Zainen« oder »Krätten« zum Markt getragen, Flüssiges, wie Most oder Wein, in »Gelten«. In großen Tüchern, sogenannten »Plun-dern«, holte man Holz, Stroh oder Streu vom Feld oder aus dem Wald. Meist sind die Bänke im 17. und 18. Jahrhundert, die Mehrzahl wohl zwischen 1780 und 1840, entstan-den. Es sind aber auch schon 300 Jahre alte Grubbänke bekannt. Sie sind etwa 2,50 Meter lang, 1,30–1,50 Meter hoch, haben zwei Stufen und erleichtern das Absetzen der oft auf dem Rücken getragenen oder dem Kopf balancierten Warenkörbe. Daneben befindet sich eine etwa 50 Zentimeter hohe Sitzbank. Über zwei mächtigen Pfeilern liegt der Sturzstein, befestigt mit einer stei-nernen Verzapfung oder Klammern oder Bolzen aus Eisen. Diese Art von Bänken sind im Neckarland von Calw und Böblingen über Heilbronn bis Bretten verbreitet. Im Osten findet man sie überdies im Rems-Murr-Kreis, wenige auch im Tübinger und Reutlinger Raum. Außerdem kommen sie auch im Nordelsass vor.

Wanderungen durch Weinberge sind immer interessant.

INFOS

Wanderkarte W237
Tübingen Schön-
buch, 1 : 25 000,
Hrsg.: Schwäbischer
Albverein e.V., Karto-
graphie: Landesamt
für Geoinformation
und Landentwicklung
Baden-Württemberg
(LGL)

www.
tuebingen-info.de,
www.
fruechtetrauf.de

RB 63
von/nach Herren-
berg und Tübingen
Mo–Sa alle 30 min
So alle 60 min
Ammertalbahn

▶

Unterjesingen Mitte
(Haltepunkt der
Ammertalbahn)

Nach einer **Rechtskurve** wandern wir über einen aussichtsreichen Höhenrücken und zwischen Streuobstwiesen. Nach
links bietet sich uns immer wieder ein Blick zum Schloss
Roseck.

Wo der mit dem roten Kreuz markierte Weg quert, sehen
wir eine alte Grubbank.

Bald danach treffen wir auf eine **Straße**. Wir halten uns
kurz rechts, biegen aber gleich am Schild **Schlagert Nord**
(399 m) links ab in den Wald. Nun wandern wir durch
einen Hohlweg hinauf zum Schild **Bayler Kap** (435 m)
❸. Hier können wir nach rechts hinausgehen, denn dort
bietet sich der erste herrliche Blick über die Weinberge.
Auch eine Informationstafel zu Geologie und Landschaft
finden wir hier.

Der Weg führt uns weiter zum Schild **Rotsteig Süd**
(461 m); hier können wir ebenfalls einen kurzen Abstecher
nach rechts machen. Dort finden wir sogar eine Ruheliege.
Danach folgt das Schild **Rotsteig Südost** (470 m). Am
folgenden Schild **Rosecker Häselloch** (477 m) halten wir
uns rechts. Wir kommen zum Schild **Obere Gôgenhalde**
(477 m) ❹. Hier biegen wir an dem **eingezäunten Grundstück** links ab. Immer wieder haben wir nun eine schöne
Aussicht ins Ammertal.

Bald erreichen wir eine **Asphaltstraße**, der wir nach
rechts, also in Gehrichtung, folgen. Am gleich darauffol-
genden Schild **Häselloh** (471 m) ❺ biegen wir links ab. Danach gehen wir an der Kreuzung mit dem Schild **Häselloh**
(470 m) geradeaus weiter, vorbei an der Tafel Buchenwälder.

Aufpassen müssen wir etwas später: Am Schild **Leiser Ost** (438 m) **6** zweigen wir rechts ab auf einen Pfad. Er führt uns steil bergab zum **Waldrand**. Dort verlassen wir beim Schild **Schmiedshölzle** (410 m) **7** den Wald und wandern über die Wiese zum Schild **Himbachtal** (392 m) **8**. Wir halten uns links, gleich wieder rechts und kurz darauf wieder **rechts**. Jetzt müssen wir aufpassen, denn es geht ohne einen richtig zu erkennenden Weg hinab zu dem breiten **Feldweg** im Tal. Dort halten wir uns am Schild **Himbachtal** (371 m) **9** rechts.

Vor dem Wald halten wir uns am Schild **St. Johann Mitte** (378 m) an den linken Grasweg. Er führt uns in den Wald. Dort kommen wir am Schild St. Johann West (400 m) vorbei. Wir gehen jetzt im Wald hinauf zu einem **Querweg**, wo das Schild bei der **Hirschhalde** (451 m) **10** steht. Wer will, macht hier nach links einen Abstecher von 200 Metern zum Rastplatz Alter Sportplatz.

Andernfalls wandern wir geradeaus weiter. Der Weg führt uns am Trauf entlang, ab und zu haben wir aber einen Blick über die Landschaft. Beim Schild **Sonnenhalde West** (450 m) überqueren wir eine Straße. Dahinter geht es auf einem Pfad steil bergab zur Straße und dem Schild **Wägner Kap** (440 m) **11**. Nach links geht es zu einem Aussichtspunkt hinter dem Häuschen. Hier sehen wir auch die Tafel »Reiche Natur aus Weinbaukultur«.

Wir gehen jedoch weiter auf einem Pfad abwärts. Er zieht beim Schild **Letze Ost** (419 m) nach rechts, danach beim Schild **untere Mönchhütte** (404 m) **12** nach links. Nun

Blick vom Wanderweg zum Schloss Roseck.

Manche Häuschen in den Weinbergen sind wahre Kunstwerke.

rechts: Blick über Unterjesingen ins Ammertal.

wandern wir unterhalb der Weinberge weiter. Nach etwas Bergab steigt es auf einer Straße wieder an. Vorbei am Schild **untere Mönchhütte** (402 m) kommen wir zu links des Weges liegenden **Wohnhäusern**. Nach ihnen gehen wir am Schild **Weinsteige** (399 m) nach rechts bergauf.

Nach dem Schild **Meierle** (410 m) halten wir uns am Schild **obere Mönchhütte** (420 m) links auf einen Pfad. Gleich am Abzweig deutet die rote und zart blau-grüne Farbe des Gesteins auf einen Aufschluss von Buntem Mergel hin.

Vorbei an einer Tafel zum Weinbau in Unterjesingen kommen wir zum Schild **Untere Gôgenhalde** (440 m) **15**. Weiter durch die Weinberge erreichen wir das Schild **Obere Schneckaschäle** (398 m). Hier geht es nach links steil hinab zum **Friedhof**. Nach links gehen wir auf bekanntem Weg zurück zum **Haltepunkt** der Bahn.

Unterjesingen

Die zierliche spätgotische Pfarrkirche St. Barbara in Unterjesingen, eine Chorseitenturmanlage, war ab etwa 1100 Besitz des Klosters Blaubeuren, das hier auch Grundbesitz hatte. 1404 wurde sie mit dem Widumhof an Württemberg verkauft. Der heutige Kirchenbau entstand 1470–94. 1894 wurde sie von Heinrich Dolmetsch umgebaut. Sie besitzt eine reiche Innenausstattung. Die Ummauerung ist wohl ein Rest der früheren Wehranlage. Das Rathaus stammt von 1750 und besitzt drei Rundbogentore. Die Schlusssteine der Tore sind mit Wappen, die Fassade mit einem Fugennetz verziert. Im Ort findet man noch stattliche Fachwerkhäuser mit Rundbogeneinfahrten und Höfen, vor allem entlang der Hauptstraße. Das Isinger Dorfmuseum, Kirchhalde 10, sitzt in der einzigen heute noch erhaltenen Kelter, der Rosecker Kelter (1784). Schwerpunkt des Heimatmuseums ist der Weinbau. Zu sehen ist auch der Grabstein des Forstwächters Konrad Hausch (1849–1883). Der sehenswerte (Schilfsand-)Stein ist als Baumstamm geschaffen, als Symbole der Jagd sind Jagdhorn und Jagdtasche eingemeißelt.

Zwischen Schwarzwald und Gäu **15**

Von Horb nach Rexingen

 3 Std.

 10 km

320 Hm

Horb – Ihlingen – Jüdischer Friedhof – Rexingen – Stallberg – Schütteturm – Horb

Wir wandern auf festen Wegen, kurze Stücke auf Pfaden.

Altstadt Horb, Stationen des Ortsrundgangs in Rexingen, Jüdischer Friedhof bei Rexingen

Horb, Rexingen

Horb, das zwar im Gäu gelegene, aber auch »Tor zum Schwarzwald« genannte Fachwerkparadies, ist Ausgangspunkt dieser Wanderung. Da der Bahnhof in der Nähe der Altstadt liegt, ist gleich zu Beginn eine interessante Strecke durch das alte Städtchen garantiert. Die Landschaft danach erinnert an den Schwarzwald, aber auch an das Gäu.

Man steigt – gefühlt senkrecht – entlang der alten Mauern vom Neckar hinauf zum höchsten Punkt der Stadt. Die Mauern erinnern an Weinbergmauern. Es wachsen hier aber keine Weinreben, sondern ganz idyllisch Bohnen, Tomaten und andere Leckereien in winzig kleinen Gärtchen. Danach wandert man durch einen teilweise fast urwaldartig wuchernden Wald, kommt an einem der größten Jüdischen Friedhöfe des Landes vorbei und durchquert das historisch interessante Rexingen. Die Schilder der »Rexinger Themenwege« erklären das Wichtigste aus der Vergangenheit der Gegend. Über den aussichtsreichen Stallberg und den ebenso mit Aussicht gesegneten Schütteturm hoch über Horb geht es dann zurück ins Städtchen, wo man den Ausflug ausklingen lassen kann.

Eine Bahn in der Landschaft ist immer schön anzusehen.

Wir gehen vom **Bahnhof Horb**  in der **Lindenstraße** auf die Stadt zu und überqueren die **Dammstraße**. Bereits jetzt hat man einen prächtigen Blick auf die Stadt, die sich den Hügel hinaufzieht. Danach bringt uns der **Flößersteg** über den Neckar, anschließend überqueren wir noch einen **Kanal**. Schaut man hier nach rechts und links entlang der Häuser, kommt einem unwillkürlich die beliebte Bezeichnung »Klein-Venedig« in den Sinn.

Durch einen Hausdurchlass kommen wir zur **Neckarstraße**. Hier halten wir uns links. Bald nehmen wir die rechts in **Richtung Marktplatz** hinauf gehende **Treppe**. Es gibt von unten verschiedene Wege hinauf zum Marktplatz, im Prinzip ist es egal, welchen man nimmt; man hält sich an der zentralen Straße **Marktplatz** einfach links.

Empfohlen sei aber folgende Variante: Am nächsten **Querweg** halten wir uns links, dann geht es auf dem weiter hinaufziehenden **Weg** in Richtung »Burggarten, Weißer Garten«. Bald kann man nach links einen kurzen Abstecher zum »Kakteengarten« machen. Anderenfalls oder auch nach dem Abstecher steigen wir vor der Mauer wieder auf einer **Treppe** (»Burggarten«) hoch. Links liegt das ehemalige **Dominikanerinnenkloster** (Obere Sammlung) – heute Sitz

Schurkenturm

Der Schurkenturm wurde in nachstaufischer Zeit erbaut und schützte die gefährdete Westseite der Stadt gegen die vom steil ansteigenden Schütteberg herabkommenden Feinde. Im 18. und 19. Jahrhundert diente er als Gefängnis. Ende des 14. Jahrhunderts war ihm die »Obere Feste« vorgelagert, in der die österreichischen Obervögte residierten. Sie wurde 1396/97 als Burghaus mit Schildmauer erbaut und 1758 auf Abbruch verkauft. An die Anlage erinnern nur noch wenige Mauerreste und der kleine Burggarten westlich der Oberen Sammlung.

des Finanzamts, in dem sich auch der Weiße Garten befindet. Er ist zu bestimmten Zeiten geöffnet. Rechts sehen wir die **Stiftskirche Heilig Kreuz**. Nach dem ehemaligen Kloster halten wir uns links zum **Schurkenturm** ❷.

Vorbei an einem Spielplatz erreichen wir bald eine kleine, verschlossene **Kapelle**, danach quert die Panoramastraße. Etwas nach links versetzt nehmen wir den auf der anderen Straßenseite abgehenden **Kropfbrunnenweg**; als Wanderwegmarkierung können wir uns am Zeichen des Jakobswegs, in diesem Fall dem Kinzigtäler **Jakobsweg**, orientieren.

Nun wandern wir immer auf diesem Weg, der uns zwischen Häusern und Kleingärten durch eine üppige Natur führt. Nach einer U-förmigen Kurve biegen wir vor **Haus Nr. 1** ❸ rechts ab. Nun steigt es wieder etwas an. Dass wir durch ein Naturschutzgebiet wandern, erkennen wir an der wuchernden Flora um uns herum, teilweise hängen die Äste und Waldreben – ja sogar Lianen – über den Weg.

Gleich nach einem rechts abgehenden Weg nehmen wir an der Verzweigung mit den Zeichen **blaue Raute**

Jüdischer Friedhof

Der 1760 angelegte Jüdische Friedhof ist einer der größten in Württemberg. Er ist zwar verschlossen, aber auch durch den Zaun kann man die interessanten Grabsteine betrachten.

und **Jakobsweg** den linken Weg. Wir kommen an zwei Lichtungen vorbei, auf denen wir markante Kiefern sehen. Bald verlassen wir den Wald und gehen rechts neben der **Straße** ❹ weiter.

Kurz darauf orientieren wir uns rechts in **Richtung Ihlingen**. Nach der **Bushaltestelle »Ihlingen Ort«** zieht die Straße nach rechts, wir zweigen aber links ab und gehen hinein nach Ihlingen. Gleich darauf biegen wir vor dem Fahrverbotsschild rechts ab in die **Rexinger Straße**. Etwas später halten wir uns links in die **Toggenburger Straße** ❺.

Nun sehen wir links der Straße die interessante Jakobuskirche mit ihrem wehrhaft und romanisch wirkenden wuchtigen Turm. An der Verzweigung nach **Haus Nr. 20** gehen wir geradeaus in der Toggenburger Straße weiter, nun wieder bergauf. Nach einer Linkskurve halten wir uns rechts in die **Vogelsangstraße**. Nach Haus Nr. 7 ❻ sehen wir das Wanderschild **Ihlingen Vogelsangstraße (492 m)**. Hier nehmen wir den links in den Wald hinein führenden Pfad.

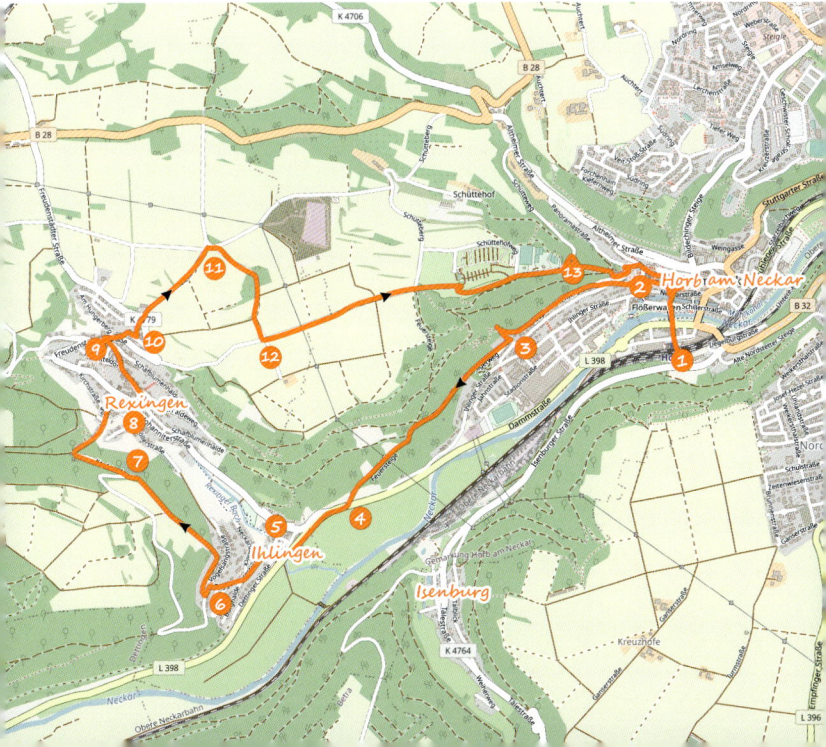

Jetzt steigen wir im Wald an bis zum **Wasserbehälter** und dem Wanderschild **Ihlinger Berg** (561 m). Davor noch sollten wir uns umdrehen, dann haben wir einen reizvollen Blick über die Wiesen und Wälder. Am Wasserbehälter halten wir uns rechts in Richtung **Jüdischer Friedhof Rexingen**. In wenigen Minuten haben wir diesen **Friedhof** 🟠**7** erreicht.

Danach folgen wir dem abwärts führenden **Sträßchen**. Vor einer Kurve sehen wir links ehemalige Bierkeller, in denen sich heute aber Fledermäuse wohlfühlen. Ab jetzt kommen wir immer wieder an interessanten Schildern der »Rexinger Themenwege« vorbei. Sie erklären die historischen Gebäude in Rexingen sowie die Besonderheiten der Natur vor Ort. Wer mehr wissen möchte, als auf den Tafeln steht, kann über einen QR-Code weitere Informationen aufs Handy laden.

Bald erreichen wir die ersten Häuser von **Rexingen**.

Wir gehen immer abwärts; bald in der Kirchstraße an der katholischen **Pfarrkirche St. Johannes Baptist** vorbei. Sie ist innen mit Wandmalereien geschmückt. Danach erreichen wir die querende **Freudenstädter Straße** 🟠**8**. Wer will, geht kurz nach links zur evangelischen Kirche; das Gebäude war früher die jüdische Synagoge.

Ansonsten halten wir uns rechts zum **Schandturm**, hinter dem wir einen lustig plätschernden Brunnen entdecken. Hier biegen wir am Wanderschild **Schandturm** (468 m) links ab in Richtung »Stallberg«. Gleich danach orientieren wir uns links in die Bergstraße.

Sie steigt steil an und bringt uns zur Freudenstädter Straße 🟠**9**, wobei wir unterwegs nicht nur an einem alten, gusseisernen Brunnen, sondern auch an einigen Tafeln mit Erklärungen zur ehemaligen jüdischen Bevölkerung vorbeikommen. Oben an der Freudenstädter Straße biegen wir am Wanderschild **Rexingen Mitteldorf** (490 m) rechts ab, dann halten wir uns bei Haus Nr. 5 in die übernächste Straße (Unterer Augstbaum) links. Vor der Doppelgarage gehen wir links hinauf bis zur querenden K 4779 🟠**10**.

Rexingen

Über fünf Jahrhunderte prägte der in Rexingen sitzende Johanniter-Orden die Geschicke des ab dem 12. Jahrhunderts genannten Ortes.

Sehenswert sind die Spuren der einst blühenden jüdischen Gemeinde in Form von Gebäuden. Alle sind durch Tafeln sowie einen QR-Code erklärt.

Dort gehen wir mit viel Aussicht über die weite Felderland-schaft, ja sogar bis zur Schwäbischen Alb, geradeaus weiter und erreichen bald den **Stallberg** (585 m) ⑪; hier halten wir uns rechts in Richtung »Schütteturm«. Nach einem Wäld-chen geht bei einem rechts stehenden Flurkreuz ein Weg ab, wir wandern aber noch kurz geradeaus weiter bis zu einem querenden Sträßchen ⑫. Hier orientieren wir uns links.

Dort, wo die Straße links in Richtung »Schütte Camping« abknickt, gehen wir auf dem Feldweg geradeaus weiter bis vor den **Campingplatz**. Ist kein Betrieb, können wir das rechts liegende Bogenschießgelände durchqueren; wird geschossen, sollten wir den Campingplatz links umgehen. Dazu folgen wir der Straße nach links, dann halten wir uns zweimal rechts, danach am querenden Weg vor dem Wald links. Hier treffen beide Wege wieder zusammen.

Wir folgen dem Sträßchen weiter, wieder durch den Wald. Kurz nachdem ein Schild nach rechts nach Horb verwiesen hat, nehmen wir den mit der blauen Raute ge-kennzeichneten, rechts abzweigenden Pfad. Er bringt uns zum Schild **Schütteturm Otti-lienkapelle** (515 m), dem aus einem Wachturm hervorgegan-genen Schütteturm ⑬ und der kleinen Kapelle von etwa 1430; sie wird bei Augenleiden aufge-sucht. Von hier aus haben wir einen schönen Blick hinab auf Horb.

Horb, das „Tor zum Schwarzwald", staffelt sich terrassenförmig am Hang hinauf.

Rechts der Kapelle geht der markierte Wanderweg ab. Er führt uns entlang der Kreuzweg-stationen steil hinab, bis wir wie-der die Panoramastraße erreicht haben. Dann können wir rechts oder links des Spielplatzes hinab zum **Marktplatz** gehen.

Nun bieten sich uns verschie-dene Möglichkeiten: Wer will, hält sich am oberen Ende des Marktplatzes rechts und geht auf bekanntem Weg zurück zum **Bahnhof**. Man kann sich aber auch noch ein wenig im schönen

INFOS

Freizeitkarte F504
Freudenstadt,
1 : 50 000, Landesamt
für Geoinformation
und Landentwicklung
Baden-Württemberg
(LGL)

www.horb.de

RB 74 von/nach
Pforzheim und
Rottenburg (Ne-
ckar) – Tübingen
tägl. alle 60 min
RE 4 / RE **14A**
von/nach Böblin-
gen – Stuttgart
und Rottweil
*Mo–So mind. alle
120 min*
RE 87 (IC) von/
nach Böblingen –
Stuttgart und
Rottweil – Singen
(Hohentwiel)
[Nahverkehrsfahr-
karten werden an-
erkannt]
Mo–So alle 60 min
Bahnstrecke:
Gäubahn

Horb am Neckar,
Bahnhof

Städtchen umsehen und über den von prächtigen Gebäuden umstandenen Marktplatz weitergehen.

Eines der schönsten Gebäude ist das links stehende Geßler'sche Amtshaus; in ihm hat unter anderem das Bürgerbüro seinen Sitz.

Etwas später beginnt die Straße Burgstall. Hier können wir nach links in Richtung »Liebfrauenkirche« etwas hinab gehen. Unten sehen wir den schönen **Platzbrunnen**.

Dann gehen wir wieder hinauf und überqueren die Straßen Marktplatz (rechts) und Burgstall (links). Danach führen uns Treppen wieder hinab bis zur Neckarstraße. Etwas weiter rechts befindet sich der Hausdurchlass, den wir noch vom Anfang her kennen. Über den Kanal und den Neckar spazieren wir zurück zum **Bahnhof**.

Horb am Neckar

Alltag auf Aus

**Kühle Wälder, sonnige Höhen
und quellreiche Tallandschaften.**

**Genießen Sie auf historischen Spuren
abwechslungsreiche Wandererlebnisse
im Neckartal.**

HORB
am Neckar

Horb

Das herrschaftliche Geßler'sche Amtshaus ist mit einem prächtigen Barockportal und dem von Kaiser Karl VI. verliehenen Adelswappen des Obervogts Johann Joseph Geßler von Braunegg verziert. Der Obervogt hat sich um den Wiederaufbau der Stadt verdient gemacht, wollte sich für sein 1745 gekauftes Haus aber die Aussicht ins Neckartal freihalten und ließ auf der Südseite des Marktplatzes eine Häuserlücke unbebaut.

Auch der vierröhrige Marktbrunnen aus der Renaissance ist bemerkenswert; wir sehen ihn links vor dem Geßler'schen Amtshaus. Er wurde bereits 1372 erwähnt und ist mit einem Löwen verziert, der ein vergoldetes Schwert und ein von einem hohenbergischen und österreichischen Wappen verzierten Schild trägt. Auch das mit Malereien verzierte Rathaus ist sehenswert.

Platzbrunnen

Der Platzbrunnen wurde 1579 nach einer verheerenden Überschwemmungskatastrophe im Renaissancestil neu errichtet und ist mit einem lebensgroßen Ritterstandbild von Erzherzog Ferdinand II. von Österreich-Tirol geschmückt. Der heutige Brunnen ist jedoch eine Kopie von 1960.

Im Naturpark
Schwarzwald Mitte/Nord   **16**

Von Biberach aus links und rechts des Kinzigtals

🕐 **3 ½ Std.**

↦ **12,3 km**

▲ **300 Hm**

Biberach – Kapelle –
durch den Wald –
Fußbach-Vordertal –
Wald – Biberach

Die Wanderung
verläuft mit mäßi-
gem Auf und Ab auf
festen Wegen und
Naturpfaden.

Wald, Blick ins Kin-
zigtal oberhalb von
Fußbach-Vordertal

Biberach

*Ausruhen mit präch-
tiger Aussicht ist auf
jeder Wanderung
eine willkommene
Abwechslung.*

Das Kinzigtal, das den Schwarzwald in etwa in zwei Teile schneidet, zeigt fast durchgehend schöne Landschaftsbilder. So auch um Biberach herum. Wir wandern bei dieser Tour auf beiden Seiten des Tals – meist auf der Höhe, was schöne Blicke hinab zur Kinzig gewährleistet. Oft führt die Tour durch die schönen Wälder des Naturparks Schwarzwald Mitte/Nord, ein Stück aber auch durch das Tal selbst.

Wir gehen am **Bahnhof** ❶ von Biberach, das Bahnhofsgebäude im Rücken, entlang der Gleise nach links und unterqueren die Gleise in der Bahnhofstraße. Danach kommen wir am **Narrenbrunnen** vorbei, der Gestalten aus der Biberacher Fasnet zeigt. Etwas später stoßen wir beim Wanderschild **Gasthof Kreuz** (188 m) ❷ auf die Hauptstraße, der wir nach rechts folgen. Kurz danach sehen wir rechts ein mächtiges Fachwerkhaus, das Kettererhaus. Links steht das Rathaus, dessen Eingang mit einem Wappen mit Biber geschmückt ist.

Wir wandern weiter und überqueren die **Kinzig**, danach die Bundesstraße. Hinter ihr steht das Schild **ehem. Ziegelhütte** (190 m) ❸. Nun können wir nach links einen 200 m (einfach) langen Abstecher zur Konradkapelle ma-

Das Kettererhaus in Biberach ist ein prächtiger Fachwerkbau.

chen. Nach den Häusern kommen wir am **Konradbrunnen** vorbei, danach steigt es steil an zu der **Kapelle** ❹, die hoch über dem Kinzigtal auf einem Felsen steht. Sie bietet einen schönen Blick hinab auf Biberach und das Tal.

Danach gehen wir zurück, an Brunnen und Wanderschild vorbei und folgen kurz der Straße in Richtung »Erzbach«. Wir halten uns links und biegen vor den Häusern noch einmal links ab. Nach dem von zwei Bäumen flankierten **Flurkreuz** kommen wir zu einem **Bildstock**. Das Schild **Bildstöckle** (198 m) ❺ weist uns nach rechts. Der Weg steigt an, dann geht es mit der gelben Raute gleich noch einmal nach rechts ❻.

Nun wandern wir entlang von Gärten mit schöner Aussicht nach Biberach und ins Tal. Nach ihnen geht der breite Weg in einen schmalen Pfad über. Ab jetzt sind wir im Wald.

Nach etwas Bergauf stoßen wir auf einen unbefestigten, breiten Weg ❼, dem wir mit der gelben Raute nach rechts folgen. An einem querenden Weg halten wir uns links ❽ und nun geht es wieder etwas bergauf. Nach einer Rechtskurve verzweigt sich der Weg; der linke Teil steigt an, wir gehen auf dem rechten Weg eben weiter. An der nächsten Verzweigung nehmen wir wieder den rechten Weg, der aber in Richtung »Fußbach-Vordertal« abwärts führt.

An der Kinzig.

INFOS

Freizeitkarte F503
Offenburg, 1 : 50 000,
Landesamt für
Geoinformation und
Landentwicklung
Baden-Württemberg
(LGL)

www.naturpark-
schwarzwald.de,
www.biberach-
baden.de

**RE der Schwarz-
waldbahn** von/nach
Offenburg – Karls-
ruhe und Villingen
(Schwarzwald) –
Konstanz
tägl. alle 120 min
Bahnstrecke:
Schwarzwaldbahn
SWEG
von/nach
Offenburg,
Freudenstadt
tägl. alle 120 min
von/nach
Oberharmersbach-
Riersbach
Mo–Sa alle 60 min
So alle 120 min
Bahnstrecke:
**Harmersbachtal-
bahn**

Biberach (Baden),
Bahnhof

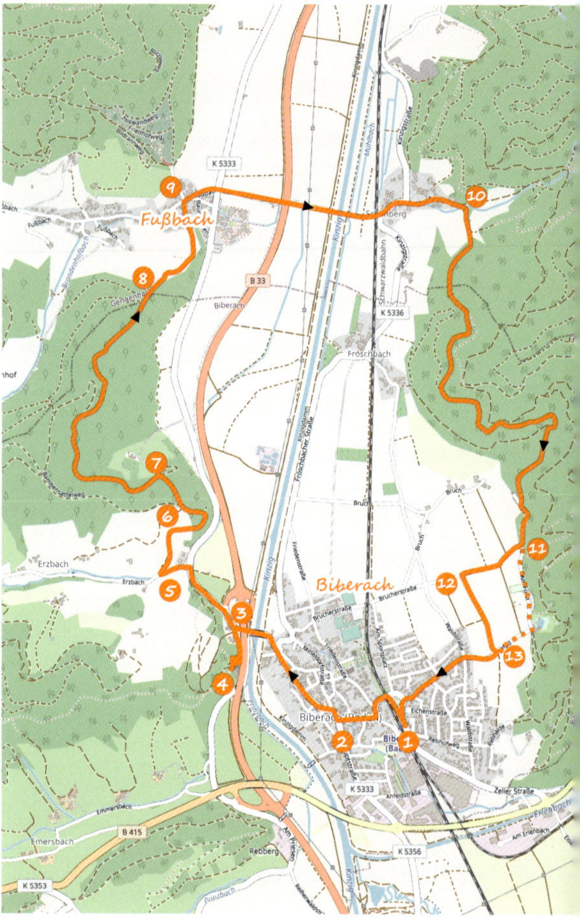

Bald verlassen wir den Wald und nach diesem dunklen Teil
der Tour stehen wir jetzt wie vor einer Offenbarung: Vor uns
öffnet sich das Tal und wir haben einen wunderbaren Blick
auf die Ortsteile von Fußbach und entlang des Kinzigtals.
Im Hintergrund sehen wir jeweils die Schwarzwaldhöhen.

Nun biegen wir rechts ab und gehen abwärts. Bei einem
Sendemast und zwei **Wasserbehältern** kommen wir am
Schild Eckle (235 m) vorbei, danach geht es hinab in den Ort.
Am Schild **Fußbach-Vordertal** (185 m) ⑨ biegen wir rechts
ab. Wir verlassen Vordertal, queren eine Landstraße, die
Bundesstraße und die Kinzig, und kommen nach Schönberg.

In den Wiesen vor dem Freibad steht dieser mächtige Baum.

Am Schild **Schönberg** (191 m) gehen wir geradeaus in der Straße **Im Roßgraben** weiter. Nach den Häusern kommen wir zum Schild **Schönberg** (215 m) **10**. Hier folgen wir dem Wegweiser nach rechts. An der Verzweigung nach dem Kreuz und dem Wanderparkplatz gehen wir an der Verzweigung rechts weiter. Nun steigt es an, wir kommen in den Wald, wo der Weg bald in einen Pfad übergeht. Er bringt uns hinauf zu einem breiten Forstweg.

Der markierte Wanderweg zweigt als Pfad links vom Forstweg ab, wir folgen aber dem breiten Forstweg – nun ohne Zeichen. Wir gehen immer geradeaus bis zu einer Kreuzung, wo auch der markierte Wanderweg wieder eintrifft. Hier gehen wir auf dem rechten, abwärts führenden Weg weiter. Er geht in die Straße **Am Forst** über, wir wandern an einer rechts liegenden Häusergruppe vorbei und verlassen schließlich den Wald **11**.

Nun muss man sich entscheiden. Wer Zeit hat kann an einem warmen Tag geradeaus weitergehen zum Waldterrassenbad und danach nach rechts zurück wandern. Ansonsten spazieren wir auf dem in das Tal führenden Sträßchen weiter. An der mächtigen, als Naturdenkmal geschützten **Eiche 12** biegen wir links ab. Etwas später treffen wir auf die vom Waldterrassenbad **13** kommende Straße. Hier vereinigen sich beide Varianten wieder. Wir biegen rechts ab und spazieren durch das Wohngebiet bis zur Bahnhofstraße. Nach links geht es zurück zum Bahnhof.

Figur am Narrenbrunnen von Biberach.

Zwischen Wald und Weinbergen 17

Von Endingen zur Katharinenkapelle

🕐 **3 ¼ Std.**

↦ **10 km**

▲ **350 Hm**

✝
Endingen – Erletal – Katharinenkapelle – Amoltern – Galgenberg – Aussichtspavillon – Endingen

Die Wanderung verläuft auf festen Wegen und Pfaden; teilweise steile Anstiege.

📷
Endingen Altstadt, Baumallee, Aussicht nach Amoltern

🍴 🎒
Amoltern, Endingen

Hohlwege im Löss sind eine Besonderheit am Kaiserstuhl.

Der sonnenverwöhnte Kaiserstuhl liegt im Südwesten des Landes, zwischen Rhein und Schwarzwald. Er gehört zu den wärmsten Gegenden Deutschlands und hat mit seinen Weinbergen, aber auch seinen Wäldern und sogar seinen heideartigen Flächen viel abwechslungsreiche Landschaft zu bieten. Wir wandern von Endingen, wo man sich wegen des idyllischen Stadtbilds kaum losreißen kann, durch das interessante Erletal, dann durch den Wald steil hinauf zur Katharinenkapelle. Danach geht es hinab nach Amoltern und von dort aus, mit einer unglaublichen Aussicht über die Weinberge, zu den Vogesen und über das Rheintal, zum Schwarzwald und teilweise auf typischen Hohlwegen wieder zurück.

Wir nehmen die am **Bahnhof** von Endingen (186 m) ❶ abgehende Üsenberger Straße. Vorerst halten wir uns an das Wanderzeichen gelbe Raute und das Ziel »Katharinenkapelle«. Nach der querenden Rempartstraße geht es im Jakobsgässle noch kurz geradeaus weiter, dann biegen wir am **Bürgerhaus** links ab und kommen zum Schild **Üsenberger Hof** (186 m); in dem Fachwerkhaus dahinter sitzt das Vorderösterreichische Museum.

Erletal

Hier im Talboden des Erletals wurde Löss angeweht und bildete mächtige Horizonte, durch die das Wasser nicht mehr versickern konnte. So entstanden die feuchten Talwiesen, in denen sich Schwarzerlen wohlfühlen. Die Wiesen wurden geschaffen, um Streumaterial für die Viehställe zu bekommen. Hier leben eine Vielzahl seltener Pflanzen oder Tiere, so beispielsweise die Prachtnelke, das Breitblättrige Knabenkraut oder die Sumpfschrecke. Am Ende des Tals, bevor man in den Wald kommt, liegt links das Erleloch. Dies ist ein etwa hundert Meter langer Gang durch den Brüstlesberg nach Südosten. Dieser längste begehbare Lössstollen im Kaiserstuhl wurde 1788 durch den Berg gegraben, als die Quellen des Tals nicht mehr ausreichten, um den Ort mit Wasser zu versorgen, denn man konnte nun auch die Quellen des parallel verlaufenden Riedbachtales nutzen. Der mit Steinen ausgekleidete Stollen ist fast mannshoch; Ein- und Ausgang hat man mit Buntsandsteinen gemauert. Wer eine Taschenlampe dabei hat, kann ihn begehen – was für Kinder immer besonders spannend ist.

Idylle in Endingen.

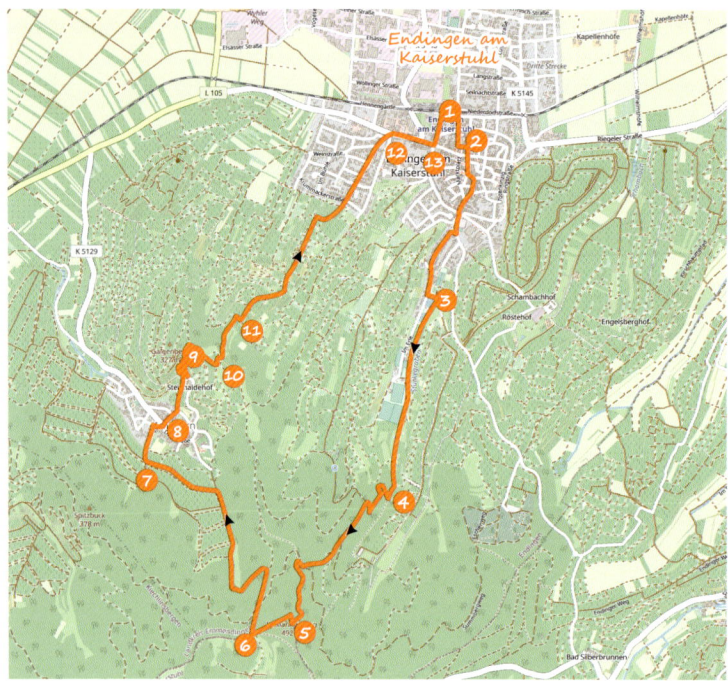

Wir biegen rechts ab und kommen zur **Hauptstraße**. Hier halten wir uns rechts, orientieren uns aber gleich links in den **Marktplatz** ❷. Nun gehen wir eine Weile geradeaus, über den Marktplatz, links an der **Kirche** vorbei und danach in der Straße Lindenplatz bis zur querenden Stollbruckstraße. Hier halten wir uns rechts. Im Hintergrund können wir hier auch schon unseren Wendepunkt, die hoch oben stehende Katharinenkapelle, erkennen.

Nach der Kreuzung gehen wir am Schild **Endingen Schützen** (199 m) im Freibadweg weiter geradeaus. Gleich darauf biegen wir aber rechts ab in die Straße **Im Erle**. Nach dem Sportplatz treffen wir auf das Schild **Erleweiher** (202 m) ❸. Wir gehen an dem ersten Naturbadeweiher entlang, halten uns nach ihm links und vor der gedeckten Holzbrücke rechts. Danach geht es am nächsten Weiher vorbei; dieser ist naturnah erhalten und man hat nur an wenigen Stellen einen Blick auf ihn.

Nach dem zweiten Weiher beginnt eine sehenswerte Baumallee mit über 70 Jahre alten Kastanienbäumen mit knorrigen Ästen. Wir kommen zu einem **Wasserbehälter**, der 1900 erbaut und im zeittypischen Stil mit Rustikaelementen versehen wurde. Wir folgen weiter der Kastanienallee, wobei wir auch einmal einen Feldweg überqueren und danach links eines **Sportplatzes** wandern.

Kurz nach Ende der Allee werden wir nach rechts **4** in den Wald verwiesen. Nach etwas Anstieg müssen wir am Schild **Beim Erleloch** (281 m) rechts abzweigen. Jetzt geht es in Serpentinen weiter bergauf. Beim Schild **Schindhalde** treffen wir auf einen breiten Weg, dem wir nach links folgen. Rechts sehen wir jetzt eine typische Lösswand, die aber in den Hohlwegen am Ende der Tour noch eine Steigerung erfährt.

Beim Schild **Holzwald** mündet unser Weg in einen anderen, dem wir nun folgen. Wir kommen am Schild Neuer Weg (399 m) und am **Seilnachtskreuz** vorbei. Kurz danach sind wir am Schild **bei der Kapelle** (492 m). Hier biegen wir rechts ab und erreichen kurz darauf die **Katharinenkapelle** **5**. Hier finden wir zahlreiche Tische und Bänke, auf denen wir uns nach dem Anstieg ausruhen können.

Danach folgen wir am Schild dem Zeichen zum »Amolter Eck«. Es geht in den Wald, gleich danach mit der gelben Raute aber rechts ab. Nun geht es ausnehmend steil hinab zum **Amolter Eck** (439 m) **6**. Hier sehen wir nicht nur ein weiß angestrichenes Metallkruzifix, sondern auch einen alten Grenzstein mit Wappen. Zudem haben wir von hier aus einen Blick zum Totenkopf im Kaiserstuhl und zu dem an seinem Turm erkenntlichen Blauen im Schwarzwald.

Katharinenkapelle

Die Katharinenkapelle (492 m) steht auf der dritthöchsten Erhebung des Kaiserstuhls, dem Katharinenberg. Sie wurde 1402 erstmals erwähnt und 1862 neu aufgebaut. Auch heute noch ist sie Ziel von Wallfahrten.

Amoltern

Die einstige keltische Ansiedlung Amoltern wurde 1150 Amiltran genannt, was auf die Amarella-Kirsche hinweist. Interessant ist eine Geschichte von 1778, als ein Geistlicher hier eine Art Kommunismus etablieren wollte: Es gab eine Gemeinschaft für Kommunalen Besitz, die Arbeit wurde gemeinsam bewältigt und auch die Gewinne gehörten allen. Dies führte jedoch zum Widerspruch der vorderösterreichischen Regierung und so wurde das Experiment beendet.

Nun biegen wir rechts ab in Richtung »Amoltern«. Jetzt geht es, teilweise in Hohlwegen, steil bergab. Wir passieren das Schild **Waldmatte** (407 m), später verlassen wir den Wald und kommen in die Weinberge.

Wir gehen bergab bis zu einem großen **Flurkreuz** von 1857. Dort biegen wir links ab und wandern entlang der Reben bis zu einer **Kreuzung** ❼. Dort orientieren wir uns rechts. Vor den ersten Häusern von Amoltern sehen wir links ein kleines **Flurkreuz von 1886**, dann gehen wir nach **Amoltern** hinein. An einem Querweg biegen wir rechts ab und kommen zum Schild **Amolter Rebstock** (244 m) ❽. Hier stehen ein schöner Brunnen und mit dem Gasthaus Sonne das älteste Fachwerkhaus des Ortes.

Hier wandern wir in der Bergstraße geradeaus weiter. Bald steigt es an. Ab jetzt haben wir bis nach Endingen einen prächtigen Blick über die Weinberge. An einem Querweg nach dem Ort biegen wir mit der gelben Raute rechts ab. Nun geht es in Serpentinen weiter hinauf. Wir kommen an einem Häuschen vorbei und danach zum Schild **über Amoltern** (310 m). Hier halten wir uns rechts und erreichen das Schild **Galgenberg** (318 m) ❾. Nun orientieren wir uns rechts und kommen zum Schild **Spitalwald** (313 m) ❿.

Wir biegen links ab und gehen hinab zum **Wolfgang-Herbst-Pavillon** ⓫. Auf dem weiteren Weg bietet sich uns die wahrscheinlich schönste Aussicht der Wanderung. Am Pavillon selbst nach links zu den Vogesen, ansonsten nach rechts über die Weinberge und zum Schwarzwald mit dem markanten Blauen.

Wir wandern abschließend durch typische Hohlwege und mit vielen Windungen hinab zum Ortsanfang von Endingen. Dort folgen wir erst der Schönenbergstraße, kommen vor-

Im Zentrum von Amoltern finden wir bei einem prächtigen Fachwerkhaus einen interessanten Brunnen.

INFOS

Freizeitkarte F505
Freiburg im Breisgau,
1 : 50 000, Landesamt
für Geoinformation
und Landentwicklung
Baden-Württemberg
(LGL); Kaiserstuhl
und nördlicher
Tuniberg, 1 : 22 000,
Seeger Karte

www.naturgarten-
kaiserstuhl.de,
www.endingen.de

S 1 / S 11
von/nach Freiburg
tägl. alle 30 min
S5 von/nach
Breisach und
Riegel-Malterdin-
gen (– Offenburg)
tägl. alle 60 min
Bahnstrecke:
Kaiserstuhlbahn

Endingen am Kaiser-
stuhl, Bahnhof

bei am Schild **Schöneberg** (190 m) und erreichen danach
die querende Königschaffhausener Straße 🄬. Hier orientieren wir uns rechts und wandern bis vor das Stadttor.
Wer noch einmal in die historische Altstadt will, geht nun
geradeaus weiter, ansonsten biegen wir vor dem Stadttor
links ab in die Eisenbahnstraße 🄭. Sie bringt uns zurück
zum Bahnhof.

Endingen

Im Zentrum von Endingen findet man eine interessante Bebauung aus der Zeit vom 16. bis zum 18. Jahrhundert: viel Fachwerk, Barockbauten, Rundbögen und Rokokoformen. Die Stadtmauer wurde 1285/86 errichtet, als Endingen das Stadtrecht erhielt. Um die Altstadt läuft noch die in Resten erhaltene Äußere Stadtmauer, die 1319 erstmals genannt wurde. Das westliche Königschaffhausener Tor (13. Jh.) ist das letzte von einst vier Toren. Die 1256 erstmals erwähnte katholische Pfarrkirche St. Peter wurde 1773 bis 1775 in barockem und klassizistischem Stil von Johann Baptist Häring erbaut und geht auf einen romanischen Vorbau zurück. Über dem Westportal sieht man eine gotische Petrusfigur (15. Jh.). Die Deckenfresken wurden 1775/1777 geschaffen. Die Kanzel ist von Bernhard Löffler, die Orgel wurde 1779 von Ferdinand Stieffell erbaut. In den Außennischen sieht man ein Salvatorbild (um 1775) und eine gotische Marienfigur (um 1480). Die Seitenaltäre, Tabernakel und Kanzel stammen aus dem Rokoko. Die Stuckaturen zeigen bereits den Übergang zum Klassizismus. In der Wallfahrtskirche St. Martin, die einen Chor und Chorturm aus der Spätgotik besitzt und deren Langhaus 1846 erbaut wurde, findet man Hochaltarfiguren aus der Werkstatt von Johann Michael Winterhalder (um 1750) und ein reich verziertes Sakramentshäuschen (1471). Über dem Hochaltar befindet sich die »Weinende Muttergottes von Endingen«, eine Marienstatue von etwa 1430. Nach dem »Tränenmirakel« von 1615 wurde die Figur mit einer barocken Bekleidung ausgestattet; die Wallfahrt zur »Weinenden Gottesmutter« wird jedes Jahr in der Nacht vor Christi Himmelfahrt durchgeführt. Das 1527 erbaute Alte Rathaus am Marktplatz/Ecke Hauptstraße ist ein zweigeschossiger Putzbau mit Fenstern aus der Spätgotik, einem barocken Korbbogenportal und einem schön geschwungenen Volutengiebel aus dem 18. Jahrhundert. Die dreigeschossige Kornhalle (Rathaus) am höchsten Punkt des Marktplatzes stammt von 1617. Sie ist mit diamantierten Eckquadern und hohen Staffelgiebeln im Stil der Gotik verziert und vom »Laubenmännli« bekrönt, aber auch die Renaissance hinterließ Spuren. Das Neue Rathaus/Haus Krebs besitzt Rokokoschmuck und ein kunstvoll geschmiedetes Geländer am geschwungenen Balkon; es schließt seit 1775 den Marktplatz nach Norden ab. Das prächtige Barockhaus besitzt ein repräsentatives Portal und einen Mittelrisalit. Der Marktbrunnen aus rotem Sandstein besitzt eine zierliche Bekrönung aus der Spätgotik. In der Hauptstraße (z. B. Nr. 6), am Marktplatz (Nr. 5), am Peterskirchplatz und in der Sollbruckstraße befinden sich Fachwerkhäuser vom 16. bis zum 18. Jahrhundert. Nördlich der Hauptstraße liegt der spätgotische, 1483 bis 1495 erbaute Üsenberger Hof, ein zweistöckiges Fachwerkhaus mit prächtigen Fresken von 1495. Er dient heute als Vorderösterreichisches Museum und ist Sitz der Tourismusinformation.

Kloster, Kapelle und eine Burg   **18**

Von Beuron durchs Donautal zur Burg Wildenstein

🕐 **3 Std.**

↦ **9,7 km**

▲▲ **280 Hm**

✝
Beuron – St. Maurus – Donausteg – Burg Wildenstein – Höhenwanderung – Alpenblick – Beuron

👢
Die Wanderung verläuft auf festen Wegen und Pfaden.

📷
Beuron, St. Maurus, Donautal, Burg Wildenstein

🍴 🎁
Beuron, Burg Wildenstein

Das Donautal um Beuron und das Kloster mitsamt dem Haus der Natur bieten viel Interessantes und Sehenswertes, sodass sich mit dieser Wanderung ein überaus erfüllter Tag erleben lässt. Wir wandern vom Kloster Beuron aus durch das idyllische Donautal bis zur sehenswerten Kapelle St. Maurus, die in dem außergewöhnlichen Stil der Beuroner Kunstschule ausgemalt ist. Danach überqueren wir den Donausteg und steigen hinauf auf die Höhe. Dort führt uns der Weg an der Burg Wildenstein, später an einigen Felsen vorbei, bis es wieder hinab nach Beuron geht. Empfehlenswert ist es nun, die Klosterkirche mit ihrer außergewöhnlichen Ausstattung zu besichtigen und das Haus der Natur aufzusuchen.

Blick hinab ins Donautal.

Gegenüber dem **Haltepunkt** der Bahn ① in **Beuron** folgen wir der **Fürstin-Katharina-Straße**, zweigen aber gleich ab in die **Donaustraße** in Richtung »Donausteg St. Maurus«. Vorbei am **Naturgarten**, der im Sommer sehenswert ist, folgen wir der Straße, die bald einen Linksbogen beschreibt. Am Ende der Bebauung gehen wir nach rechts zum **Donausteg**, an dem wir das Schild »Hermann-Steg erbaut im Jubeljahr 1913« sehen, überqueren den Fluss ❷ und gehen über die Wiese zum gegenüber liegenden Hang. Von hier aus hat man einen schönen Blick zum Petersfels mit seinem großen Kreuz.

Auf der anderen Seite des Tals folgen wir dem Pfad nach rechts. Er führt uns hinauf zur Straße, die wir kurz vor dem

Kapelle St. Maurus

Die Kapelle St. Maurus wurde 1868–70 im Auftrag von Fürstin Katharina von Hohenzollern-Sigmaringen erbaut und wurde dem hl. Maurus, einem Schüler des hl. Benedikt, gewidmet. Grund war die Erfüllung eines Gelübdes der Fürstin, das sie abgelegt hatte, als der Abt von Solesmes in Frankreich, Prosper Guéranger, an Pocken erkrankt war. Die Errichtung der Kapelle war wohl einer der Auslöser der Entstehung der Beuroner Kunstschule. Architekt war Desiderius Lenz, der auch für die Ausmalung verantwortlich war und sie gemeinsam mit Gabriel Wüger ausführte. Die Kapelle besitzt eine Freitreppe, die wie der Bau selbst aus Tuffstein erbaut wurde. Auf den Bildern sieht man Maria und Heiligenfiguren; auf dem Altar eine Darstellung des hl. Maurus. Im Vorhof fließt aus einem Löwenmaul Wasser in ein steinernes Brunnenbecken. Hinter der Kapelle liegt die kleine Benediktushöhle, die als Lourdesgrotte gestaltet wurde. Von hier aus hat man auch einen schönen Blick zur Burg Wildenstein, die geradeaus auf der Höhe sichtbar wird.

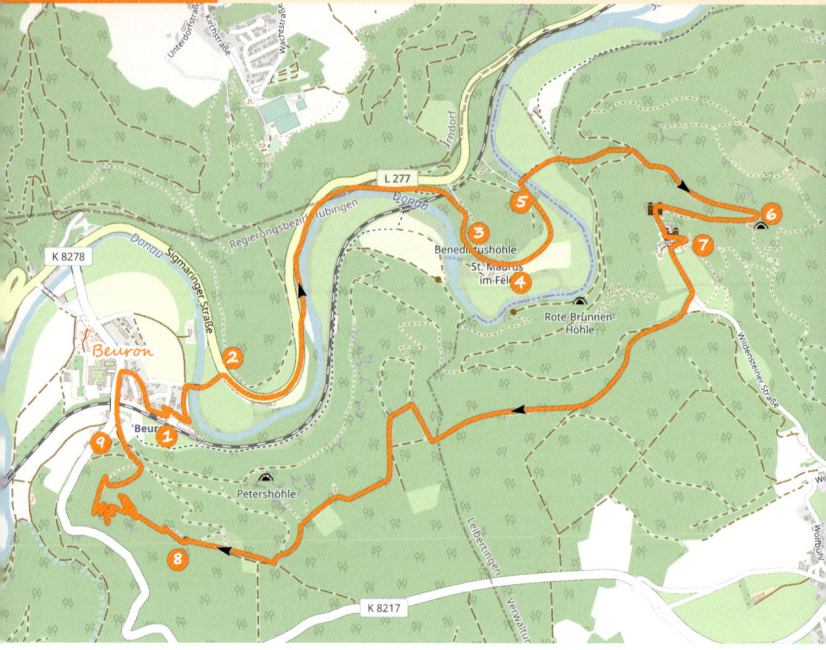

Sommerhaus Beuron erreichen. Wir wandern kurz neben der Straße bis zum Waldrand, wo wir das Schild **Jägerpfad** (618 m) sehen. Hier führt unser Weg rechts unterhalb der Straße als Pfad weiter – den anfangs rechts verlaufenden, breiten Weg ignorieren wir.

Wir kommen durch zwei **Felstunnels** und gehen nach dem zweiten geradeaus weiter. Nun steigt es etwas an und wir überqueren den **Käpfletunnel** der Bahn. Am Schild **Abzweig Jägerpfad** (618 m) ❺ treffen wir auf ein Asphaltsträßchen, dem wir zu einer Ansiedlung folgen. Links des Weges steht die sehenswerte **Kapelle St. Maurus**. ❹

Wir spazieren in einer weiten Linkskurve weiter bis zum **Donausteg** (605 m) ❺. Ihn überqueren wir, wobei wir nach links einen schönen Blick zum Donauhaus und den Felsen dahinter haben. Auf der anderen Talseite am Schild **Donauhaus Abzweig** (610 m) nehmen wir mit dem Zeichen rotes Dreieck den geradeaus weiterführenden Pfad in Richtung »Tobel Wildenstein«.

Der Weg steigt erst mäßig an in einen immer wilder werdenden Tobel, bis wir vor einer gewaltigen Felswand mit

Burg Wildenstein

Die etwa 200 Meter über der Donau stehende Burg Wildenstein (811 m), wohl eine der bekanntesten Burgen im Donautal, gehört zu jenen Anlagen, die in ihrer Vergangenheit nie zerstört wurden. Die von den Wilden von Wildenstein errichtete, erste Burg wurde um 1077 in einem Buch des Klosters Beuron erstmals genannt. Die Herren von Wildenstein tauchten 1168 erstmals urkundlich auf. Zwischen 1263 und 1317 waren hier die Herren von Justingen aus dem Schmiechtal genannt, in deren Besitz die Burg vermutlich durch Heirat gekommen war. Sie waren zeitweise ein einflussreiches Geschlecht, und ein Justinger – Anselm von Justingen – war es auch, der 1211 nach Italien reiste, um dem jungen Staufer Friedrich zu überbringen, dass er zum deutschen König gewählt worden war. Später wurde er Reichsmarschall und bekleidete somit eines der wichtigsten Ämter des Reiches. Nach anderen Besitzern saßen hier ab 1397 die Grafen von Zimmern, danach die Fürstenberger. Die Anlage wurde nur einmal erobert, und zwar 1642 im Dreißigjährigen Krieg von den auf dem Hohentwiel stationierten Truppen. 1745, nach dem Verlegen des Sitzes der Fürstenberger nach Donaueschingen, ging es mit Wildenstein bergab. Die Anlage wurde erst als Staatsgefängnis, dann als Zeughaus aufgegeben. Wie erzählt wird, mussten zum Empfang der kaiserlichen Prinzessin Marie Antoinette, die bei der Reise zu ihrem künftigen Ehemann, dem späteren König Ludwig XVI., in Donaueschingen Station machte, im Jahr 1769 sämtliche Geschütze und Munition sowie die zwanzig Zentner schwere Eingangstüre dorthin geliefert werden. Zurück kam nichts mehr. Seit 1971 ist hier eine Jugendherberge untergebracht.

Beuron

Der Sage nach soll bereits 777 das erste Kloster in Beuron gegründet worden sein. Es erlebte eine wechselvolle Geschichte, denn es war nicht immer eine blühende Abtei. Ganz im Gegenteil: teilweise war das Kloster sogar aufgelöst. Ende 1537 lebten nicht einmal mehr die zur Wahl eines Propstes erforderlichen sieben Mönche im Kloster. Auch wirtschaftlich hatte das Kloster zu kämpfen: Da es kein Territorium und kaum Untertanen besaß (1802 wurden insgesamt nur 511 Seelen gezählt), bestanden seine Einnahmen nur aus den von den drei Höfen bei Beuron erwirtschafteten Einkünften und aus den von den Lehenhöfen abgegebenen Zehnten und Zinsen. Im Dreißigjährigen Krieg wurde das Kloster fast vollständig zerstört. Mitte des 17. Jahrhunderts war auch das geistliche Leben im Kloster fast ganz erloschen. 1751 konnte das Kloster die Reichsunmittelbarkeit erwerben, der Klosterbezirk selbst blieb unter österreichischer Landesherrschaft. 1802 wurde es säkularisiert und das Gebiet dem Fürstentum Hohenzollern-Sigmaringen zugeschlagen. Der Abt und die 15 Chorherren wurden pensioniert. Die Anlage selbst wurde dann für andere Zwecke verwendet und verfiel zusehends. 1813 ließ die österreichische Armee vorübergehend ein Militärspital im Kloster einrichten, wobei die Zellen zum Teil zerstört wurden. Der Dornröschenschlaf endete 1862, als von den aus Bonn stammenden Brüdern Maurus und Placidus Wolter mit Unterstützung der verwitweten Fürstin Katharina von Hohenzollern-Sigmaringen ein Benediktinerkloster neu gegründet wurde. 1868 wurde es zur Abtei erhoben.

Kurze Zeit später brachen aber wieder schwere Zeiten für die Mönche an: Der preußische Kulturkampf mit der Kirche (1872–1887) wirkte sich auch hier aus – der Hohenzollernstaat gehörte ja zwischenzeitlich zu Preußen. Die Mönche mussten, trotz einer Intervention der Fürstin bei Bismarck, 1875 das Kloster verlassen. Erst 1887 durften sie wieder zurückkehren. 1887 wurde das Kloster zur Erzabtei ernannt. Anfang des 20. Jahrhunderts wurde hier von Pater Desiderius Lenz auch ein eigener Kunststil, die Beuroner Kunstschule, entwickelt, deren Werke – meist flächige Wandmalereien – wir an vielen Stellen in und außerhalb der Kirche bewundern können.

Die Abteikirche St. Martin und Maria wurde zum ersten Mal in der Zeit der Romanik erbaut, erlitt aber verschiedene kriegsbedingte Beschädigungen. 1734 bis 1738 wurde sie im barocken »Vorarl-

berger Stil« wiederaufgebaut. 1874 schlug man den barocken Stuck ab, teilweise wurde er dann 1953 wieder rekonstruiert. Auch die im 19. Jahrhundert übermalten Fresken wurden 1947–51 teilweise wieder freigelegt. Der prächtige Hochaltar von 1760 war ursprünglich ein Werk von Joseph Anton Feuchtmayr, Johann Georg und Franz Anton Dirr aus Mimmenhausen. Er wurde 1872 umgeändert, als Gabriel Wüger und Lukas Steiner eine Krönung Mariens im Stil der Beuroner Kunstschule malten. Auch die beiden Altäre von etwa 1760 seitlich des Chorbogens sind von Feuchtmayr und Dirr. Beachten sollte man auch die sechs schön geschnitzten Beichtstühle von 1744, sie stammen ebenfalls von Feuchtmayr und Dirr und sind mit einem bekrönenden Muschelwerk und Engelsfigürchen geschmückt. In den Jahren 1898 bis 1901 wurde die Gnadenkapelle links an das Kirchenschiff angebaut. Sie besitzt den Grundriss eines griechischen Kreuzes. In der Kapelle befindet sich auch das Gnadenbild, eine aus Oberschwaben stammende, sechzig Zentimeter hohe Pietà aus Lindenholz von 1430. Eine Wallfahrt hierher findet bereits seit dem 16. Jahrhundert statt.

Im Ort findet man noch einige sehenswerte Gebäude, u.a. im sogenannten Schweizerhausstil. Und im ehemaligen Bahnhof ist das Haus der Natur des Naturparks Obere Donau untergebracht; hier kann man eine Ausstellung zum Naturpark besichtigen, außerdem werden zahlreiche Veranstaltungen angeboten.

INFOS

Freizeitkarte F526
Sigmaringen,
1 : 50 000, Landesamt
für Geoinformation
und Landentwicklung
Baden-Württemberg
(LGL); Wanderkarte
mit Radwegen Obe-
res Donautal 51-532,
1 : 25 000, (Natur-
Navi)

www.beuron.de,
www.naturpark-
obere-donau.de

**RB 43a
Naturpark-Express**
von/nach Tuttlingen
und Sigmaringen
*Mai – Okt:
Sa, So und Feiertage
einzelne Direktzüge*
RE 55 von/nach
Ulm und Donau-
eschingen
*Mo – Fr alle 60 min
(mit einzelnen
Ausnahmen)
Sa + So alle 120 min*
Bahnstrecke:
Donautalbahn

Beuron, Haltepunkt

Höhlen stehen ⑥. Hier am Schild **Felsengalerie** (715 m) knickt der Pfad rechts ab, nun steigt es an. Wir wandern am Schild **Oberer Tobel** (735 m) vorbei, nun verläuft der Pfad relativ eben und unterhalb großer Felsen, auf denen man etwas später links oben die Burg Wildenstein erahnen kann. Nach einem Linksknick kommen wir hinauf in den Graben der **Burg**. Der Weg führt uns vor die Anlage ⑦, in der heute eine Jugendherberge untergebracht ist.

Vor dem Schild **Burg Wildenstein** (810 m) spazieren wir zum Parkplatz, wo wir dann am Schild **Wanderparkplatz Wildenstein** (817 m) in Richtung »Alpenblick Beuron« mit dem roten Dreieck rechts abbiegen. Im Wald an der Ver-zweigung **Donausteige** (809 m) nehmen wir den linken Weg Richtung »Alpenblick«. Er führt uns bei nur geringem Auf und Ab durch den Wald, wobei wir an einigen inter-essanten Punkten vorbeikommen: Auf den **Buch-Brunnen** folgt ein **Kohlenmeiler** mit Erklärung, danach ein **Grenz-stein**, dessen lebhafte Geschichte auf einer Tafel erklärt ist.

Danach treffen wir auf einen festen, breiten Weg, auf dem wir uns links halten. Vor einer Lichtung sollte man nach rechts auf einen Felskopf zur **Jägers Aussicht** hin-aus gehen. Man sieht hier schön hinab nach Beuron, nach rechts zum mächtigen Altstadtfelsen.

Am nächsten Querweg gehen wir nach rechts zum Schild **ehem. Steighof** (806 m). Hier behalten wir unsere Rich-tung bei. Der breite Weg endet an einer Art Wendeplatte, danach wandern wir wieder auf einem Pfad bis zum **Aus-sichtsfels Alpenblick** ⑧. Hier sieht man schön zum Schloss Bronnen, zu einem Pavillon und vor allem – bei passendem Wetter – bis zu den Westalpen.

Ab hier wandern wir auf einem Zickzackpfad steil hinab. Bald kommen wir an einem weiteren Aussichtspunkt vor-bei, etwas später treffen wir auf einen breiten Querweg, dem wir nach links folgen. Wir treffen auf die Abteistraße (K 8217) ⑨, der wir nach rechts nach Beuron folgen. Dort biegen wir rechts ab in die Wolterstraße und kommen zu-rück zum **Ausgangspunkt**.

Nun sollte man sich Beuron ansehen. Um die Kloster-kirche und die historischen Gebäude, die zum Teil im »Schweizerhausstil« erbaut wurden, gebührend zu würdi-gen, fehlt in diesem Führer der Platz. Man sollte einfach dem Weg zur Klosterkirche folgen.

Rund um den Titisee   19

Wanderung der vielen Möglichkeiten

 1¾ Std.

↦ **6,7 km**

▲▲ **100 Hm**

Titisee/Bahnhof –
Titisee Ort – Rund
um den See – Cam-
pingplatz – Banken-
hof – Bahnhof

Wir wandern auf
festen Wegen.

Titisee, Naturschutz-
gebiet, Bankenhof
mit seiner kleinen
Kapelle

🍴 🍺

Titisee

*Der Bankenhof ist ein
typischer Schwarz-
waldhof, wie er nicht
mehr oft zu sehen ist.*

*Der wohl berühmteste und beliebteste See im Schwarz-
wald ist der Titisee. Diese Tour führt um den See herum,
vorbei an der Touristenmeile im Ort, entlang des Sees
und durch ein wunderschönes Naturschutzgebiet. Dass er
unter anderem von zahlreichen Besuchern überlaufen ist
und man sich dort als Wander- und Naturfreund vielleicht
nicht so wohl fühlt, spielt bei dieser Wanderung zum
Glück keine Rolle. Man hat die Kette der Einkehrmöglich-
keiten und Andenkenläden bald überwunden und ist in
der Natur – im Wald und einem Naturschutzgebiet. Am
Ende der Tour wandert man auf der Sonnenseite des Sees
wieder zurück in den Ort. Mit dem Bauernhofmuseum,
dem Erlebnisbad oder dem Park am Schluss hat man unterwegs auch interessante und erlebnisreiche Erweite-
rungsmöglichkeiten, um einen ausgefüllten Tag zu erleben.*

Wir starten auf der Südseite des **Bahnhofs** ❶ von **Titisee**. Hier gehen wir, den Bahnhof im Rücken, in
der Parkstraße nach rechts. Bald treffen wir auf die Seestraße. Ihr folgen wir nach links in die Fußgängerzone des
beliebten Ausflugs- und Urlaubsortes. Hier finden wir das

Naturschutzgebiet Unteres Seebachtal

Das rund 65 Hektar große Naturschutzgebiet Unteres Seebachtal ist nach dem vom Feldbergmassiv kommenden Tal des Seebachs, einem der Zuflüsse des Titisees, benannt. Unter Naturschutz gestellt wurde es als 260. Naturschutzgebiet im Regierungsbezirk Freiburg im Jahr 2008 – nachdem in den 1980er Jahren sogar ein Golfplatz dort geplant war. Hier erfreut uns eine idyllische Landschaft mit einem mäandernden Bach. Auch sonst ist sie mit Grünland mit Goldhaferwiesen, Nasswiesen und Borstgrasrasen sowie Mooren, Seggenrieden, Hochstaudenfluren, Grauerlenwald, Bruch- und Moorwäldern lebhaft strukturiert. Hier leben zahlreiche stark gefährdete Tier- und Pflanzenarten wie z. B. Sumpf-Läusekraut, Braunkehlchen, Sumpfschrecke oder Hochmoor-Perlmuttfalter. Zu dem natürlichen Fischbestand im Seebach gehört auch die stark gefährdete Trüsche. Der seinerzeitige Regierungspräsident Würtenberger sprach bei der Eröffnung von einem »Lebensraum von europäischer Bedeutung«.

touristische Zentrum des Ortes, viele Restaurants und Andenkenläden. Für den Wanderer ist der Blick nach rechts sicher interessanter: Man sieht über den Strand und die Schiffsanlegestelle über die gesamte Länge des Sees; den Abschluss bildet das mächtige Feldbergmassiv.

Wir folgen immer der Seestraße entlang aus dem Ort hinaus. Nach dem Ortsgebiet kommen wir zum Wanderschild **Seehof** (860 m) ❷, das vor dem gleichnamigen Hotel steht. Hier orientieren wir uns rechts. Wir wandern am Seehof vorbei, anschließend liegt rechts unten ein weiteres Gebäude. Nach rechts bietet sich uns auch ein Blick über den See und den Ort Titisee und die Kirche.

Nach einem weiteren Haus durchqueren wir den **Campingplatz Sandbank** ❸. Der See hört bald auf, danach geht es vorbei an einem moorigen Gebiet zum Schild **Bankenhof** (855 m). Hier biegen wir rechts ab ❹, marschieren am links liegenden **Campingplatz Bankenhof** vorbei, überqueren den **Seebach** und kommen am rechts sichtbaren Naturschutzgebiet **Unteres Seebachtal** vorbei.

Mit schönen Ausblicken nach links und rechts erreichen wir den **Bankenhof**. Hier sehen wir nicht nur einen typischen, mächtigen Schwarzwaldhof, sondern auch die kleine Kapelle, die zum Hof gehört. In dem Hof ist auch das »Museum für alte Landtechnik« untergebracht.

Bankenhof: Museum für alte Landtechnik

Das Museum für alte Landtechnik ist in der Hofscheune des über 400 Jahre alten Bankenhofes eingerichtet. In ihm sieht man eine eindrucksvolle Sammlung historischer landwirtschaftlicher Geräte und Maschinen. Das älteste Exponat ist ein Holzpflug aus dem Jahr 1885, interessant ist auch der 20 PS starke Traktor der Marke »Allgaier Kaelble« von 1952. Weitere Ausstellungsstücke zeigen, wie entbehrungsreich früher das Leben auf einem Bauernhof im Hochschwarzwald war.

Öffnungszeiten: Do 14–17 Uhr und nach Vereinbarung.

Museum für alte Landtechnik, Bankenhof, Bruderhalde 31, 79822 Titisee-Hinterzarten, Telefon 0 76 52 98 21 36 und 58 88, www.alte-landtechnik.de

Titisee

Nach einer Sage befindet sich der Titisee an Stelle einer versunkenen Stadt. Sie wurde zur Strafe zerstört, weil ihre Bewohner frevelhaft mit Brot umgingen: Sie höhlten Brotlaibe aus und benutzten diese als Schuhe! Es wird auch erzählt, dass der See unermesslich tief wäre, und als man eines Tages versuchte, die Tiefe zu messen, soll eine Stimme ertönt sein mit den Worten: »Ergründest Du mich, so ersäufe ich Dich.« Andere jedoch wollten gehört haben: »Willst Du mich messen, so will ich Dich fressen.« Heute weiß man es genau: Der See ist ungefähr 1,8 Kilometer lang, bis zu 600 Meter breit und etwa 40 Meter tief. Der Name des Sees soll von einem Herrn Titini kommen, der hier im 12. Jahrhundert gejagt haben soll, nach anderen Quellen soll der Name vom Aronstab kommen, der früher als Tittele bezeichnet wurde. Entstanden ist der See in der letzten Eiszeit vor rund 10 000 Jahren, als sich eine riesige Gletscherzunge durch das Bärental vom Feldberg her bis zum heutigen See erstreckte. Durch das Vor und Zurück der Zunge wurde das Becken ausgehoben und nach dem Abschmelzen durch eine Endmoräne begrenzt. Auf dieser verläuft heute die Seestraße. Aufgestaut wurde im See dann das Schmelzwasser des Gletschers. Heute wird er vom Seebach und mehreren Seitenbächen gespeist. Sein Abfluss, die anfangs als ruhiger Wiesenbach fließende Gutach, wird dann südöstlich von Lenzkirch zur wilden Wutach.

INFOS

Freizeitkarte F509
Waldshut-Tiengen,
1 : 50 000, Landesamt
für Geoinformation
und Landentwicklung
Baden-Württemberg
(LGL)

www.titisee.de

S-Bahn
von/nach Freiburg
tägl. alle 30 min
von/nach Seebrugg
tägl. alle 60 min
von/nach Villingen
(Schwarzwald)
tägl. alle 60 min
**Höllentalbahn /
Dreiseenbahn**

Titisee, Bahnhof

Danach treffen wir an der Straße auf das Schild **Banken-hof** (865 m). Hier orientieren wir uns rechts . Jetzt spazieren wir auf dem Gehweg parallel zur Straße Bruderhalde, später zur Strandbadstraße, zurück nach **Titisee**. Ab und zu bietet sich uns dabei ein Blick auf den See.

Vor dem Ort kommen wir am **Strandbad** vorbei. Sind wir an einem heißen Sommertag unterwegs, ist zu überlegen, ob wir den Tag nicht hier ausklingen lassen sollen. Auch in dem kleinen **Kurpark** nach dem Strandbad rechts zum See hin kann man einen schönen Nachmittag verbringen, am Strand sowieso. Auch ein Bummel durch die »Touristenmeile« – jetzt nach der Tour hat man ja Zeit –, eine Einkehr oder gar ein Besuch im Erlebnisbad ist möglich. Man folgt hierzu nördlich des Bahnhofs der Neustädter Straße nach rechts. (Info: Badeparadies Schwarzwald, Am Badeparadies 1, 79822 Titisee-Neustadt, kostenfreie Servicehotline 00 8000 4444 333, www.badeparadies-schwarzwald.de)

Etwas Besonderes ist auch eine Schifffahrt auf dem Titisee.

Großer See und kleiner See 20

Vom Bodensee zum Mindelsee

 3¾ Std.

 14,6 km

140 Hm

Radolfzell – Strandbad Mindelsee – Dürrenhof – Markelfingen

Wir wandern auf festen Wegen.

Ortsbild Radolfzell, Mindelsee

Dürrenhof, Markelfingen

Den Bodensee kennt jeder, den Mindelsee kennen wahrscheinlich nicht so viele Besucher des Schwäbischen Meeres. Dabei hat auch dieser See einiges zu bieten. Vor allem ist er, da nicht so groß, intimer, idyllischer und ruhiger, mehr den Wanderern vorbehalten. Auch wenn ihm natürlich die Weite des Bodensees und der Blick zum Schweizer Ufer oder gar entlang des Sees fehlt, wo das Ende aufgrund der Erdkrümmung an manchen Stellen gar nicht mehr zu sehen ist – Meer eben. Und so führt diese Wanderung von der alten Stadt Radolfzell zu eben diesem Binnensee; wir wandern durch einen recht naturnahen Wald, durch ein typisches Ried, aber auch direkt am Mindelsee entlang. Schöne, ja fast urwaldartige Szenarien bieten die Wegstrecken durch das Ried und fast traumhaft ist der Ausblick von der Höhe auf den See, der mit seiner türkisgrünen Färbung ein Bild bietet, das farblich an ein Südseeatoll erinnert. Zudem bieten das leichte Auf und Ab der Wanderung, die Wiesen, Ried- und Waldstücke und die Blicke auf den See Abwechslung ohne Ende. Da wir diese Streckenwanderung nicht am Ausgangspunkt, sondern an einem anderen Bahnhof beenden, können wir bei dieser Wanderung auch die Vorteile der öffentlichen Verkehrsmittel voll auskosten.

Mindelsee

Der Mindelsee, ein einst neun Kilometer langer Schmelzwassersee, liegt in der Grundmoränenlandschaft des Bodanrücks, die während der letzten Eiszeit vom Rheingletscher modelliert wurde, seit etwa 14 000 Jahren aber eisfrei ist. Seit 1938 stehen der Mindelsee und seine Umgebung unter Naturschutz; es handelt sich um eines der ältesten Naturschutzgebiete des Landes. Das Moor ist bis zu zehn Meter mächtig. Der bis zu 13,5 Meter tiefe See ist heute 2,2 Kilometer lang und 500 Meter breit, seine Uferlänge beträgt 5,3 Kilometer. Hier hat man schon fast 700 Blütenpflanzen, 120 Moos- und mehrere hundert Algenarten gezählt, außerdem 594 Käfer-, 433 Schmetterlings- und 40 Libellenarten. Mehr als 90 Vogelarten, darunter so seltene wie Drosselrohrsänger, Flussseeschwalbe, Neuntöter und Schwarzkehlchen, brüten hier. Jedes Jahr wechseln über 20 000 Reiherenten im Herbst am See ihr Federkleid. Auch die Insektenwelt hat Besonderheiten aufzuweisen: Um den See leben Sumpfschrecke, Sumpfgrille und die Tagfalter Blaukernauge und Goldener Scheckenfalter. An Libellenarten findet man Helm-Azurjungfer, Gebänderte Prachtlibelle und die Späte Adonislibelle. Im Wasser leben Plötze, Rotfeder, Barsch, Hecht, Aal und Brachsen, bis in die 1930er-Jahre sogar über zwei Meter lange Welse – 1938 wurde gar ein 2,40 Meter langes Exemplar gefangen! Kostbarkeiten der Pflanzenwelt sind in den Feucht- und Riedwiesen Mehlprimel, Fettkraut, Breitblättriges Wollgras, Schwalbenwurz-Enzian und stark gefährdete Orchideen wie Glanzstendel und Sommer-Drehwurz. An Standorten auf trockenen Wiesen wachsen das Kleine Knabenkraut, Brand-Knabenkraut und Frühlings-Enzian. Seit 1976 ist das Naturschutzgebiet als »International bedeutsames Feuchtgebiet für Wat- und Wasservögel« gemäß der Ramsar-Konvention anerkannt und es ist ein wichtiger Bestandteil des internationalen Netzwerks »Natura 2000«.

Wer will kann vor der Wanderung einen kurzen **Abstecher zum Bodensee** und dem Bootshafen machen – sie liegen auf der der Stadt abgewandten Seite gleich hinter den Gleisen.

Ansonsten gehen wir am **Bahnhof** ❶ von **Radolfzell** von den Gleisen in Richtung Stadt bis zum **Bahnhofsplatz** und halten uns rechts. Bald werden wir nach links in den **Stadtgarten** verwiesen.

Wir durchqueren diese reizvoll angelegte Anlage. Danach geht es etwas nach rechts in der **Tegginger Straße** zur **Fürstenbergstraße** und dort nach links weiter. Später biegen wir rechts ab in die **Markthallenstraße**. Sie bringt

links: Der Mindelsee weist immer wieder idyllische Stellen auf.

INFOS

Freizeitkarte F511
Westlicher Bodensee,
1 : 50 000, Landesamt
für Geoinformation
und Landentwicklung
Baden-Württemberg
(LGL)

🌐
www.radolfzell.de

Start Radolfzell
RB 31 von/nach
Friedrichshafen
tägl. alle 60 min
RB 32 HzL Seehäsle
von/nach Stockach
tägl. alle 60 min
**RE der Schwarz-
waldbahn** von/nach
Offenburg – Karls-
ruhe und Konstanz
tägl. alle 60 min
**RE 4 Freizeit-
Express Bodensee**
von/nach Stuttgart
*Mai – Okt:
Sa, So und Feiertage
1–2 mal tägl.*
IRE 3 von/nach
Friedrichshafen–Ulm
tägl. alle 60 min
SBB Seehas von/
nach Singen – Engen
und Konstanz
tägl. alle 30 min
Bahnstrecke:
**Schwarzwaldbahn
und Bodensee-
gürtelbahn**
*Ziel Markelfingen,
Haltepunkt*
SBB Seehas
tägl. alle 30 min
Bahnstrecke:
Schwarzwaldbahn

uns zu einem **Kreisverkehr**. Dort gehen wir nach rechts weiter und stoßen gleich darauf auf die **Konstanzer Straße**.

Hier orientieren wir uns links, gehen am nächsten Kreisverkehr geradeaus weiter und folgen der Konstanzer Straße immer weiter. Nach dem Wohngebiet kommen wir wieder zu einem **Kreisverkehr**. Hinter ihm sehen wir bei der kleinen **Kapelle St. Anna am Waldhag** das Wanderschild Weinburg (402 m). Hier wandern wir mit dem Zeichen des Bodensee-Rundwegs entlang der Radolfzeller Straße weiter.

Nach dem links liegenden Wohngebiet werden wir mit dem Zeichen über die Straße nach rechts zum Waldrand verwiesen ❷. Kurz darauf weist uns das Zeichen nach links in den **Wald**. Etwas später biegen wir an einem Querweg rechts ab. Es geht am Wanderzeichen **Im Hirschbrunnen** (445 m) vorbei. Später zieht der Weg leicht nach links und aus dem Wald hinaus. Wir überqueren nach links die B 33. An einer spitzen Waldecke ❸ biegen wir in Richtung »Mindelsee« links in den Asphaltweg ein. Er bringt uns zu einem Querweg, wo wir das Wanderzeichen **Mindelseeried** (409 m) sehen. Hier biegen wir links ab.

Nun folgen wir dem Weg durch das Mindelseeried, das mit seinen reichen Schilfbeständen einen recht idyllischen, ja stellenweise sogar fast urwaldartigen Eindruck erweckt. Bald wandern wir am Abzweig zum **Wanderparkplatz Möggingen** vorbei und erreichen bald einen querenden Weg. Ihm folgen wir nach rechts. Wir wandern erst relativ flach bis zu einem scharfen Linksknick des Weges vor dem Wald. Direkt hinter dem Wegknick können wir uns nicht nur auf einer **Informationstafel** über den Mindelsee und seine Natur informieren, hinter der Tafel steht auch eine mächtige Eiche, wie man sie so selten sieht.

Nun folgen wir dem Weg etwas bergauf bis zu einem querenden Weg ❹, er bringt uns nach rechts zum **Dürren-hof** ❺. Danach geht es auf dem Schotterweg weiter. Etwas später haben wir nach rechts einen prächtigen Blick hinab zum Mindelsee: Hier fällt uns auch die eindrucksvolle türkise Färbung auf. Auch die Länge des Sees, die man sich von hier aus gut vorstellen kann, überrascht, denn auf der Karte sieht er doch relativ klein aus.

Nach etwas Bergab sehen wir kurz darauf links oben den **Hirtenhof** ❻. Hier biegen wir gleich nach dem Wald, aber noch vor dem bereits sichtbaren Wegweiser und einem Flurkreuz, rechts ab.

Es geht kurz durch ein Waldstück, danach durch eine recht naturnahe Landschaft, die einen riedartigen Charakter aufweist. Der Weg knickt nach einem kleinen Bach links ab, gleich darauf dürfen wir den nach rechts weisenden Wegweiser nicht verpassen. Das folgende Wegstück ist recht wild mit dicht wachsenden, in den Pfad hinein wuchernden Schilfbeständen bewachsen. Danach erfreuen wir uns im Wald an einer **Allee von Birken**, die etwas an manche Pfade im Schwarzwald erinnert.

An einem querenden Weg sehen wir das Wanderschild Seewiese (412 m). Hier geht es nach rechts weiter in Richtung »Markelfingen« ❼. Wir wandern am Schild **Mooshalde** vorbei und haben ab und zu einen Blick zum Mindelsee.

Schließlich zieht der Weg nach links und nach einem weiteren Stück Wald kommen wir zu einem **Parkplatz** ❽ am Waldrand. Hier orientieren wir uns rechts. Wir unterqueren die **B 33** und kommen dahinter hinein nach **Markelfingen**, unserem Zielort.

Dort biegen wir links ab in die Oberdorfstraße ❾, danach spazieren wir geradeaus durch den ganzen Ort hindurch und stoßen nach ihm dann auf die **Haltestation** der Bahn ❿.

Startpunkt:
Radolfzell, Bahnhof
Endpunkt:
Markelfingen,
Haltepunkt der
Bahn

Südöstliches
Baden-Württemberg

Zu den bekanntesten Wasserfällen der Schwäbischen Alb **21**

Der Uracher und der Gütersteiner Wasserfall

2 ¾ Std.

8 km

300 Hm

Bad Urach/Halte-station Wasserfall – Uracher Wasser-fall – Wasserfall-wiese – Hölle – Gütersteiner Was-serfall – Gestütshof Güterstein – Halte-station Wasserfall

Wir wandern auf festen Wegen, hinauf zur Wasser-fallwiese entlang des Wasserfalls teilweise auf einer Treppe. Wer weiter wandert, geht zur »Hölle« auf einem schmalen Pfad am Steilhang entlang. Hier sollte man trittsicher und schwindelfrei sein.

Uracher Wasserfall, Gütersteiner Was-serfall

vor/am Parkplatz, Wasserfallwiese

Den Uracher Wasserfall den bekanntesten seiner Art auf der Schwäbischen Alb zu nennen, entspricht Eulen nach Athen zu tragen. Hat er genügend Wasser, ist er ein Naturerlebnis der besonderen Art. Der Gütersteiner Wasserfall zeigt ein anderes Bild. Es gibt zwar auch hier einen spritzenden Strahl, viel ein-drucksvoller ist jedoch die Stelle, an der Wasser über bemoostte Felsen in ein Bassin fließt. Zudem ist die Tour auch noch ge-schichtlich interessant, weisen doch das Gestüt Güterstein und die Wasserfälle eine interessante Vergangenheit auf. Die Schön-heit der Gegend wurde schon früh erkannt, denn bereits 1831 schrieb man in der Beschreibung des Oberamts Urach über das Haupttal, das Ermstal: »Das Tal gehört zu den schönsten und anziehendsten des Landes und kann sich mit manchen geprie-senen Schweizertäler messen«. Und über das Maisental kann man lesen: »Einwärts in das Gebirge teilt sich das Tal in zwei romantische Wiesengründe, den vorderen und den hinteren Brühl. […] Diese stillen und abgeschiedenen Winkel verdie-nen wegen ihrer großartigen Natur, die selbst in der Schweiz Bewunderung erregen würde, besonders besucht zu werden.« – Man merkt, die Schweiz war seinerzeit das Nonplusultra, was landschaftliche Schönheit anbetraf! Interessant ist auch ein Be-such der beiden Wasserfälle bei trübem, regnerischem Wetter. Dann ist es ziemlich einsam und vor allem der Gütersteiner Wasserfall verbreitet eine ganz eigenartige, fast märchen-hafte Stimmung – er liegt unter einem dichten Blätterdach und strahlt dann eine fast urwaldartige Atmosphäre aus.

Wir folgen ab der **Haltestation Wasserfall** in **Bad Urach** ❶ dem ausgeschilderten Weg, der uns zwischen Waldrand und Wiese entlang auf den Talschluss zuführt.

Nach einiger Zeit verläuft neben dem Weg der Brühlbach, der lustig plätschert und kleine Wasserfälle und Kaskaden bildet. Wenn man genau hinsieht, bemerkt man in der Rückwand des Baches höhlenartige Löcher, Wurzeln, die in der Luft hängen, und sogar eine kleine Höhle unter einem gemauerten Stein.

Nach sanftem Bergauf erreichen wir den Fuß des **Wasserfalls** ❷. Nun steigen wir auf einer Treppe in Serpentinen hinauf. Links sehen wir den mächtigen Uracher Wasserfall, der von hohen, senkrechten Felswänden umgeben ist. An einem Linksknick beim Schild **Känzele** (610 m) ❸ gehen wir später geradeaus weiter, zuerst folgen wir aber dem Weg nach links hinauf zur **Wasserfallwiese** ❹.

Danach gehen wir wieder etwas zurück zum Schild **Känzele** ❸. Hier orientieren wir uns mit dem Wanderzeichen **blaues Dreieck** links in Richtung »**Hölle**« und wandern relativ eben am Hang entlang. Ab jetzt sollte man aufpassen, denn es geht rechts teilweise steil bergab. Nach einer Weile hört der Wald auf und wir queren ein karges Schuttkar, die **Hölle** ❺.

Danach wandern wir zwar weiter auf einem Pfad, aber den Steilhang haben wir bald hinter uns. Dafür sehen wir ein richtiges **Felsenmeer** mit großen Felsbrocken, die vor langer Zeit vom Berg herabgekullert sind.

links: Der Gütersteiner Wasserfall – immer wieder eine Wanderung wert.

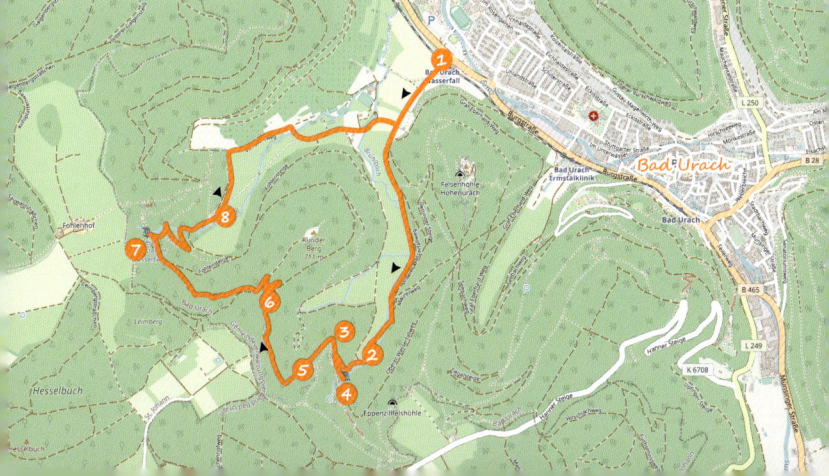

Uracher Wasserfall

Beim Uracher Wasserfall stürzt der Brühlbach 37 Meter in freiem Fall über eine von ihm selbstgeschaffene, rund fünf Meter lange Kalktuffnase hinab, danach fällt das Wasser in zahllosen Kaskaden noch rund sechzig Meter über Kalktuffpolster. Er ist, wie auch der Gütersteiner, ein sogenannter »konstruktiver« Wasserfall. Dies besagt, dass er seine Fallkante nicht wie andere Wasserfälle im Laufe der Zeit durch die Kraft des Wassers und die Erosionswirkung zerstört, sondern durch die ständigen Kalkausscheidungen aufbaut – mittlerweile immerhin ganze fünf Meter. Das Wasser des Brühlbachs stammt aus einem rund zwanzig Quadratkilometer großen Einzugsbereich, der bis ins fünf Kilometer entfernte Würtingen reicht. Die 150 mal 250 Meter große Hochwiese oberhalb des Wasserfalls ist eine ebenfalls vom Bach geschaffene Kalktuffterrasse, wobei der Kalktuff (oder Kalksinter) eine poröse und mit Hohlräumen versetzte Masse ist, deren meist graue Farbe von Verunreinigungen durch Schlamm, pflanzlichen oder tierischen Resten stammt. Kalk selbst löst sich aus dem Wasser, wenn dieses langsamer fließt und sich dabei erwärmt, denn dann verliert es Kohlensäure und kann den gelösten Kalk nicht mehr binden. Da auf der Hochwiese täglich etwa zwanzig Kilogramm Kalk (nach neueren Messungen sogar 160 kg!) ausgeschieden werden, konnte sich in den letzten 20 000 Jahren diese Terrasse bilden. Durch die großen Mengen ausgeschiedenen Kalks, die sich am Fuß des Falls absetzen, verkürzte sich auch die Fallhöhe – sie soll mittlerweile nur noch weniger als 36 Meter betragen. Normalerweise kommen aus der Quelle bis zu 10 l/s, was sich nach der Schneeschmelze aber auf bis zu 1000 l/s steigern kann.

Auf der Wasserfallwiese gibt es einen Kiosk, an dem man sich etwas zu essen und zu trinken kaufen kann. Am Steilabfall sieht man auch den Wasserfall in einem mächtigen Strahl ins Tal stürzen.

rechts: Vor allem bei feuchtem Wetter stürzt der Uracher Wasserfall mächtig herab.

Bald erreichen wir einen breiten Waldweg, danach zweigt ein mit dem Zeichen **rote Gabel** markierter Steig links ab 6 und steigt an in Richtung **Güterstein Fohlenhof**. Wir treffen wieder auf einen Forstweg, dem wir mit der roten Gabel weiter folgen zum **Gütersteiner Wasserfall** 7.

Von dort führt ein mit dem **blauen Dreieck** markierter Weg steil bergab. Wir wandern links oberhalb des **Gestütshofs Güterstein** 8 bis zu einem querenden Weg. Hier weist das Zeichen nach rechts und wir gehen zu den **Parkplätzen**. Nach links kommen wir zurück zur **Haltestation** der Bahn.

Gütersteiner Wasserfall

Beim Gütersteiner Wasserfall gibt es zwei Pumphäuser, von denen aus schon früher das Wasser der hiesigen Quelle für die Wasserversorgung des Gestütshofes St. Johann und des Fohlenhofes hinaufgeschafft wurde. Eines der Pumphäuschen steht an der Stelle der ehemaligen Kartause Güterstein. Die Kalktuffbarrieren hat sich das stark kalkhaltige Wasser im Laufe der Zeit selbst geschaffen. Das Wasser stürzt über mehrere, insgesamt 125 Meter lange und 25 Meter breite Kalktuffterrassen fast sechzig Meter tief hinab, dabei allein beim oberen Fall zehn Meter. Die Schüttung beträgt 20–30 l/s. Beide Wasserfälle liegen in dem 322 Hektar großen Naturschutzgebiet Rutschen, indem so seltene Insektenarten wie der Alpenbock oder der Hirschkäfer zu entdecken sind. Das Gebiet wurde 1983 als hundertstes Naturschutzgebiet des Regierungsbezirkes Tübingen unter Schutz gestellt!

INFOS

Wanderkarte W243 Bad Urach, 1 : 25 000, Hrsg.: Schwäbischer Albverein e. V., Kartographie: Landesamt für Geoinformation und Landentwicklung Baden-Württemberg (LGL); Wanderkarte Reutlingen Bad Urach Blatt 52–538, 1 : 25 000, (NaturNavi).

www.badurach-tourismus.de

RB 63 von/nach Tübingen – Herrenberg *tägl. alle 60 min* Bahnstrecke: **Ermstalbahn**

Bad Urach, Haltestation Wasserfall

Romantische Riedlandschaft ohne Höhenunterschiede

Durch das Langenauer Ried

22

🕐 **3 Std.**

↦ **11,6 km**

▲ **20 Hm**

✝
Langenau – Ried –
Naubrücke – Sixen-
mühle – Langenau

🥾
Bis auf ein kurzes
Stück Naturweg
wandern wir auf
festen Wegen und
Sträßchen.

📷
Altstadt Langenau,
Ried

🍴 🍺
Langenau

*Sommerliche Bahn-
fahrt bei Langenau.*

Höhenunterschiede brauchen wir bei dieser Tour nicht
zu befürchten. Wir wandern gemütlich und völlig eben
durch die idyllische Landschaft des Langenauer Rieds,
in welcher sich Wiesen, Schilfflächen, Gewässer, Felder und Gehölzgruppen interessant abwechseln. Zum
Schluss können wir noch einen Bummel durch Langenau selbst unternehmen, wo wir das eine oder andere sehenswerte Gebäude betrachten können.

Wir gehen, das **Bahnhofsgebäude** in **Langenau**
im Rücken, in der **Lenaustraße** nach links. Nach
der Rechtskurve biegen wir links ab in die **Olgastraße** .
Sie geht nach den Gleisen in die Raiffeisenstraße über und
bringt uns bald aus dem Ort hinaus.

An der nächsten Kreuzung biegen wir rechts , am
nächsten Querweg links ab. Wir folgen dem Sträßchen
bis vor eine Linkskurve vor einem langgestreckten Gehölz.
Hier halten wir uns links auf dem Feldweg .

Dieser geht bald in einen unbefestigten Wiesenweg über
und bringt uns vor ein **Waldstück**. Dort biegen wir rechts

ab, folgen dem Waldrand bald nach links, danach dem Grasweg, der nach rechts zu der Baumallee zieht. Dort beginnt wieder ein Schotterweg.

Auf ihm wandern wir bis zur querenden Straße **L 1232** ❻. Dort biegen wir links, dann gleich wieder rechts ab. Kurz danach überqueren wir das Flüsschen **Nau**, das in vielen Windungen durch das Ried mäandert. Wir wandern nun bis rechts die **Sixenmühle** liegt und links ein paar Gebäude stehen ❼. Hier biegen wir links ab.

Nun wandern wir bis vor **Stromleitungen**, hier biegen wir links ❽ ab. Jetzt folgen wir dem Weg bis zu einer **Kreuzung** ❾. Dort halten wir uns links, kurz darauf wieder rechts ❿. Jetzt kommen wir an ein paar interessanten Infotafeln zur Natur vorbei. Etwas später liegt links versteckt in einem Gehölz ein **Vogelbeobachtungsturm**, am Weg können wir uns auf der Tafel in das Thema »Vögel im Ried« einlesen.

Danach überqueren wir die **Bahnlinie**. Der Weg zieht nun etwas nach rechts und nach ein paar Minuten biegen wir links ab in die **Mühlgasse** ⓫. Gleich darauf sehen wir vor der **Ostermühle** ein riesiges Mühlrad aufgestellt. Die Straße bringt uns in einem weiten Bogen zur querenden Straße **Ostener Kuften** ⓬.

Langenauer Ried

Im Langenauer Ried gab es früher ausgedehnte Feuchtgebiete, heute findet man hier eine abwechslungsreiche Landschaft mit Äckern, Wiesen, Baumalleen, Feldgehölzen, Feuchtwiesen, Bruchwald, Riedflächen, Tümpeln und wasserführenden Gräben. Das Naturschutzgebiet ist ungefähr 80 Hektar groß. Der Schutzzweck ist die Erhaltung von Niedermoorresten als Lebensraum für an Feuchtigkeit gebundene Tiere und Pflanzen wie Rispenseggenriede, Pfeifengraswiesen, Grauweiden-Faulbaumgebüsche mit Orchideen und sogar Enzianen. An geschützten Vögeln brüten hier Bekassinen, Beutelmeisen und Blaukehlchen. Außerdem versorgt die Landeswasserversorgung über ein 770 Kilometer langes Leitungsnetz von hier aus 2,8 Millionen Einwohner in rund 250 Städten und Gemeinden mit Wasser. Das Gebiet war vor der weitgehenden Trockenlegung im 19. Jahrhundert ein riesiges Moor- und Sumpfgebiet. Hier findet man zahlreiche Tier- und Pflanzenarten. Raritäten sind Kiebitze und Brachvögel. Auch die Weißstörche, die sich in Langenau niedergelassen haben, finden hier ihre Nahrungsgrundlage.

Wir biegen links ab, überqueren kurz darauf noch einmal die idyllische Nau und biegen danach rechts ab in die
Straße **In den Lindeschen** . Ihr folgen wir, anfangs durch
das Gewerbegebiet, bis zur querenden **Bahnhofstraße** .
Nach links bringt sie uns zurück zum **Bahnhof**.

Wer jedoch in das sehenswerte Langenauer Zentrum will,
biegt in der Bahnhofstraße rechts, an der nächsten Kreuzung links in die Hindenburgstraße ab.

INFOS

Freizeitkarte F525
Ulm, 1 : 50 000,
Landesamt für
Geoinformation und
Landentwicklung
Baden-Württemberg
(LGL)

www.langenau.de

RB 57 / RE 57
von/nach
Aalen und Ulm
tägl. alle 60 min
IRE 50 von/nach
Aalen und Ulm
tägl. alle 120 min
Bahnstrecke:
Brenzbahn

Langenau, Bahnhof

Langenau

Das 1003 erstmals genannte
Langenau erhielt 1301 die Markt-
rechte. Seit 1810 gehört es zu
Württemberg. Die Pfarrkirche St.
Martin ging aus einem Anfang des
14. Jahrhunderts erstellten Bau
hervor. Erhalten sind noch Teile der
Ummauerung. Im 17. Jahrhundert
wurde sie barockisiert. Sehenswert
sind der Altar, der Taufstein und das
Chorgestühl. Weitere bemerkens-
werte Bauten sind die Pfarrkirche
St. Leonhard (ab 15. Jh.), die
Friedhofskirche St. Peter (15. Jh.),
der ehemalige Pfleghof des Klosters
Anhausen, der später als Fabrik und
heute als Museum für Vor- und
Frühgeschichte genutzt wird, das
Rathaus (ab 15. Jh.), das ehemalige
Ulmische Amtshaus (17.Jh.), das
Obere Helferhaus (16. Jh.) und das
Welserschlössle (17. Jh.).

Viel Sehenswertes in und um Blaubeuren

23

Vom Blautopf zur Küssenden Sau

🕐 **2 Std.**

↦ **6,8 km**

▲ **190 Hm**

Blaubeuren/Bahnhof – Blautopf – vor Flugplatz Seißen – Ruine Günzelburg – Felsenlabyrinth – Blaubeuren

Außer in Blaubeuren selbst verläuft die Wanderung überwiegend auf Pfaden.

Altstadt Blaubeuren, Blautopf, Ruine Günzelburg, Küssende Sau

🍴 🏛 Blaubeuren

Die Wanderung führt uns vom Fachwerkparadies Blaubeuren hinauf auf die Albhochfläche. Gleich zu Beginn und bei der Ruine Günzelburg bietet sich uns ein prächtiger Blick ins Tal. Natursehenswürdigkeiten sind die »Küssende Sau« und das Felslabyrinth um diese Felsformation. Aber auch die Stadt selbst hat es in sich: Der mächtig schüttende Blautopf gehört zu den größten Sehenswürdigkeiten auf der Schwäbischen Alb. Zu den weiteren Sehenswürdigkeiten der Fachwerkstadt gehört zum Beispiel der Altar aus der Ulmer Schule in der Klosterkirche. Kinder werden besonders vom Urgeschichtlichen Museum fasziniert sein. Und nicht zu vergessen: Die ganze Stadt ist eine einzige Fachwerkpracht, die geradezu dazu einlädt, sich in ihren Gassen mit den prächtigen Häusern und teilweise den Blaukanälen zu verlieren.

Die Fahrt mit der Bahn führt über die Blau.

Wir überqueren am **Bahnhof** ❶ die **Bahnhofstraße** und folgen der **Karlstraße**. Sie geht in die **Klosterstraße** über, die danach in die **Blautopfstraße** mündet. Vor allem rechts dieser Straßen liegen das historische Blau-

Blaubeuren

Schlendert man durch die Fachwerkgassen mit den verschiedenen Kanälen versteht man auch, dass das alte Gerberviertel an der Ach mit seinen verschachtelten Wasserläufen im Volksmund »Klein-Venedig« genannt wurde. Hochaltar und Chorgestühl der Klosterkirche wurden von Bildhauern und Malern der Ulmer Schule geschaffen. Nicht nur für Kinder interessant ist das Urgeschichtliche Museum Blaubeuren »urmu« mit Exponaten aus der Altsteinzeit aus Höhlen in den Tälern der drei Flüsse Ach, Blau und Lone. Sie gehören mittlerweile zum Weltkulturerbe.

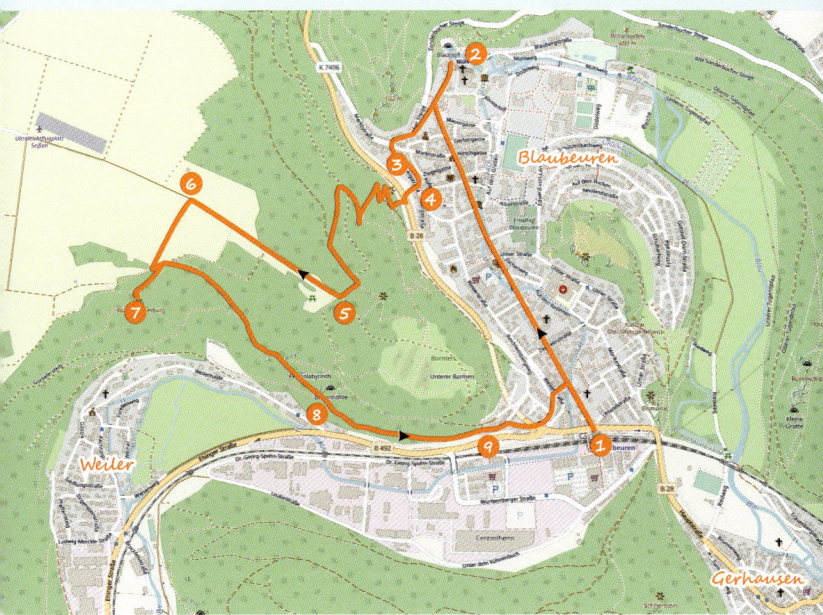

beuren und das Klosterareal, beides sollte man sich bei dieser Gelegenheit auch gleich ansehen.

Wir biegen rechts in die Blautopfstraße ab und erreichen nach einer Rechtskurve den **Blautopf** ❷.

Danach gehen wir zurück, kommen an einem **Torhaus** zum Klosterbezirk vorbei und folgen kurz danach der rechten **Lindenstraße**, bis sie auf die Sonderbucher Steige trifft. Hier halten wir uns links und kommen zu der Kreuzung mit der **Marktstraße** ❸. Nun gehen wir auf der anderen Seite der Marktstraße in der **Bergstraße** weiter.

Blautopf

»Er bildet einen großen runden Kessel, dessen eine Hälfte noch in den Fuß der schroffen Bergwand eingeschnitten ist. Die dunkle, vollkommen blaue Farbe der Quelle, ihre verborgene Tiefe, die von der Bergseite das Becken umgebenden, überhängenden und das Dunkel der Quelle vermehrenden Bäume, und die wilde Natur der ganzen Umgebung geben der Quelle ein eigenthümliches, feyerliches und geheimnißvolles Ansehen. Kein Wunder, wenn sie in alten Zeiten als heilig betrachtet wurde, und wenn das Volk noch jetzt mit allerley abentheuerlichen Vorstellungen davon sich trägt.« (Beschreibung des Oberamts Blaubeuren, 1830).

Der Blautopf neben dem alten Blaubeurener Kloster ist einer der eindrucksvollsten und schönsten Quelltöpfe der Schwäbischen Alb, sagenumrankt, gut erforscht – und touristenüberlaufen. Er liegt an einem Prallhang einer von der Ur-Donau geschaffenen Flussschlinge. Von der Mächtigkeit her liegt er in Deutschland an zweiter Stelle, hinter der Aachquelle, die sich ebenfalls in Baden-Württemberg befindet. Seine Schüttung beläuft sich auf durchschnittlich 2230 l/s, wobei im Maximum schon Werte über 26 000 l/s erreicht wurden. 1641 aber soll das Wasser durch eine übermächtige Schüttung so »gekocht« haben, dass die Stadt teilweise überschwemmt war. Die Oberamtsbeschreibung schreibt dazu: »Im Jahre 1641 soll der Blautopf so stark angelaufen

und drohend geworden seyn, dass Stadt und Kloster in Gefahr waren, ein Bettag gehalten, eine Prozession zu der Quelle veranstaltet, und zur Versöhnung der erzürnten Gottheit, ächt heidnisch, zwey vergoldete Becher hineingeworfen wurden, worauf das Toben nachgelassen habe.«

Das Einzugsgebiet der Quelle beträgt rund 160 km² und trotz dieses riesigen Gebietes benötigt das Wasser vom Versickern bis zum Blautopf oft nur wenige Stunden. Ihren Namen hat die Quelle von ihrer Farbe, die sicherlich nicht unwesentlich für ihre Berühmtheit ist. Sie stammt aber nicht von der Spiegelung des Himmels oder irgendwelchen gelösten Stoffen, sondern sie kommt von der großen Klarheit des Wassers und der Tiefe des Quelltopfs: Immerhin muss das Sonnenlicht zwanzig Meter tief hinab, bevor es reflektiert wird. Dadurch werden die roten und gelben Anteile der Strahlung absorbiert und nur die blauen Strahlen bis zur Oberfläche reflektiert. Wer aber nach starken Regenfällen oder der Schneeschmelze den Blautopf besucht, wird enttäuscht sein, denn dann ist das Wasser nur schmutzig-grün oder -gelb.

Das Wasser im Blautopf hat das ganze Jahr über eine Temperatur von 9 °C. Auf seinem Boden wächst dank des klaren Wassers eine üppige Vegetation mit beispielsweise dem Dichtblättrigen Laichkraut, dem weiß blühenden Wasserhahnenfuß, Quellmoos, Armleuchtergewächsen und einer bestimmten Fadenalge.

Das erste Mal wurde die Tiefe 1718 gemessen und 1957 wurde das Wasser durch Taucher erstmals erforscht. Der Quelltopf ist 21 Meter tief und 33 mal 35 Meter groß; am Grund öffnet sich die Blautopfhöhle, deren 1,3 Kilometer langes Höhlensystem noch einmal unter den Quellwasserspiegel abtaucht. »… man könnte meinen, es öffnen sich die Quellen der Hölle«, schrieb Ende des 15. Jahrhunderts der Dominikanermönch Felix Fabre aus Ulm dazu.

Der Höhlenforscher Jochen Hasenmayer drang ab 1969 bei mehreren Tauchversuchen schon kilometerweit in das Höhlensystem ein, wobei er eine eigene Theorie entwickelte: Er vermutet ein großes Höhlensystem von 400 Kilometern Länge und 120 Kilometern Breite, das aus dem Tertiär stammt und bis unter die Voralpen reichen soll. Es soll 70 °C heißes Wasser enthalten, mit dem mit einem Schlag alle Energieprobleme gelöst werden könnten. 1985 entdeckte er bei einem Tauchgang nach 1 250 Metern eine riesige, luftgefüllte Halle, die er in Erinnerung an Eduard Mörike Mörikedom nannte. Er ist mit einer Größe von 125 mal 25 Metern und einer Höhe von 30 Metern der größte bekannte Höhlenraum der Schwäbischen und Fränkischen Alb und besitzt einen acht Meter tiefen Höhlensee, den größten Deutschlands. Und trotz seiner beim Tauchen zugezogenen Querschnittslähmung wagte sich Hasenmayer 1996 mit seinem selbst konstruierten U-Boot »Speleonaut« wieder in die Tiefe, um seine Theorie zu beweisen.

Direkt am Blautopf steht eine historische Hammerschmiede. Das Gebäude wurde 1742 als städtisches Wasserwerk und Schleifmühle errichtet und 1804 in eine Hammerschmiede umgebaut, die durch Wasserkraft betrieben wurde. In ihr wurden bis 1889 Werkzeuge hergestellt, danach wurde sie in eine mechanische Werkstätte umgewandelt, die bis 1956 noch funktionstüchtig war.

Hinter der Hammermühle findet man die Skulptur der schönen Lau, der Sagenfigur aus Eduard Mörikes Erzählung vom Stuttgarter Hutzelmännlein. Wer den Blautopf umrundet, kommt zu einem großen Denkmal, das den Schöpfern der Albwasserversorgung Oberbaurat Dr. O. Gross, Baudirektor Karl von Ehmann und Oberbaurat H. v. Ehmann gewidmet ist und ihre Porträts trägt.

INFOS

Freizeitkarte F525
Ulm, 1 : 50 000,
Landesamt für
Geoinformation und
Landentwicklung
Baden-Württemberg
(LGL)

www.blaubeuren.de

RB 56 von/nach
Ulm und Munder-
kingen
tägl. alle 60 min
RE 55 von/nach
Ulm und Sig-
maringen–Donau-
eschingen
tägl. alle 60 min
**SAB (Schwäbische
Alb-Bahn)** von/nach
Münsingen
einzelne Züge
Bahnstrecke:
Donautalbahn

Blaubeuren,
Bahnhof

Nach **Haus Nr. 12** ❹ werden wir mit dem Wanderzeichen **gelbes Dreieck** in Richtung Ruine Günzelburg nach
rechts verwiesen. Es geht kurz auf einer Treppe hinauf, wir
unterqueren die Straße und halten uns danach links. Gleich
danach folgen wir dem querenden Weg nach rechts und
kommen zu einer **Wendeplatte**. Nach ihr folgen wir dem
Zeichen **gelbe Raute** nach links; zuerst sollten wir aber
noch etwas geradeaus weitergehen, denn dort finden wir
einen hervorragenden Aussichtspunkt.

Danach steigen wir mit der gelben Raute hinauf. Etwas
später stoßen wir auf einen querenden Pfad. Immer dem
Zeichen folgend, überqueren wir bald einen breiten Forstweg und kommen schließlich auf die Höhe. Hier weist uns
das Zeichen nach links. Kurz darauf treffen wir an einer
Rechtskurve auf das Zeichen **rote Gabel**. Wir biegen rechts
ab und stoßen kurz darauf auf eine Wiese, in der wir mächtige Nadelbäume sehen. Dort biegen wir rechts ab ❺.

Nach einer Weile sehen wir rechts an einem Baum ❻ das
Zeichen mit dem **gelben Ring**. Es weist uns über die Wiese
nach links zum Wald; dort sehen wir auch die rote Gabel
wieder. Wir folgen ihr bis zu einem querenden Weg; hier

*Die »Küssende Sau«
ist eine bekannte
Felsformation.*

geht es später mit dem **roten Dreieck** nach links hinab, erst machen wir aber einen kurzen Abstecher nach rechts zur **Ruine Günzelburg** ❼, die wir nach wenigen Minuten erreichen. Von ihr aus hat man einen prächtigen Blick hinab ins Achtal und nach Weiler.

Danach gehen wir wieder zurück dorthin, wo wir auf den Traufweg gestoßen sind. Nun gehen wir mit dem roten Dreieck auf dem rechten Weg in Richtung **Felsenlabyrinth** hinab. Bald stoßen wir auf mächtige **Felsen**, darunter auf die Formation, die wegen der Berührung der Felsen über einer Höhlung den Namen **Küssende Sau** erhalten hat ❽.

Danach kann man nach links einen 200 Meter langen Abstecher zur Brillenhöhle machen. Etwas später zweigen wir vom abwärts führenden Weg links ab, **Blaubeuren Bahnhof** ist hier angeschrieben. Es steigt nun zeitweise etwas an bis zum Schild **Reichleinsbergweg** (540 m). Hier gehen wir geradeaus weiter hinab zu den ersten Häusern ❾. Dort folgen wir der Straße **Weilersteig**. Etwas später führt uns eine Treppe hinab zur **Weilerstraße**. Auf der anderen Straßenseite folgen wir der **Olgastraße** zur **Karlstraße** und gehen nach rechts zurück zum **Bahnhof**.

Rückblick vom Wanderweg auf Blaubeuren.

Von der Fachwerkstadt durchs idyllische Tal

24

Von Trochtelfingen ins Grafental

🕐	**2 Std.**
↦	**7,6 km**
▲	**90 Hm**

✝ Trochtelfingen
– Grafental –
Trochtelfingen

👢 Wir wandern auf
festen Wegen.

📷 Ortsbild
Trochtelfingen

🍴🍺 Trochtelfingen

Trochtelfingen besitzt eines der schönsten Fachwerk-ensembles der Städte der Schwäbischen Alb. Deshalb kann man sich hier vor oder nach der Wanderung gut eine Weile aufhalten und die Idylle genießen. Die Tour führt uns durch das Städtchen in das romantische Seckach-tal, welches zu jeder Jahreszeit idyllische Bilder zeigt.

Nach der Fach-werkstadt erwartet einen herrliche Natur.

Wir gehen vom **Bahnhof** ❶ in **Trochtelfingen** aus nach Norden zur Straße Lindenplatz. Dort halten wir uns links und kurz darauf noch einmal links in die **Marktstraße**. Nun sind wir im **Zentrum** des alten Städt-chens. Sie knickt bald rechts ab, wir spazieren am Schloss vorbei ❷ und halten uns später links in die Straße **Am hohen Turm**.

Vorbei an dem dicken **Rundturm** ❸ geht es wieder hi-nab. Gleich nach der querenden **Bahnlinie** ❹ halten wir uns mit dem Radwegschild rechts, überqueren kurz da-nach noch einmal die Bahnlinie und danach eine Straße. Nun wandern wir parallel zur Bahnlinie und zur Seckach bis **Mägerkingen**, am Schluss im Gayerweg. Dann halten

Trochtelfingen

Das 1161 erstmals genannte Trochtelfingen kam von den Grafen von
Gammertingen-Achalm über die
Pfalzgrafen von Tübingen an die Grafen von Hohenberg. 1310 wurde es an
Württemberg verkauft und damals
erstmalig als Stadt genannt. 1534 ging
die Stadt an die Grafen von Fürsten-
berg, 1806 an Hohenzollern-Sigmaringen. Seit 1979 ist der Stadtkern mit
den vielen Fachwerkhäusern unter
Denkmalschutz gestellt. Früher war
die Stadt von einer dreifachen Ummauerung umgeben, von der heute
noch der Hohe Turm steht – er war
bis 1822 sogar noch um zwei Stockwerke höher. Das Schloss wurde
Ende des 15. Jahrhunderts von den
Grafen von Werdenberg erstellt. Die
Martinskirche besitzt einen aus der
Gotik stammenden Turm (13. Jh.)
und schöne Einrichtungsstücke. Um
Schloss und Kirche sieht man noch
einige prächtige Fachwerkhäuser.

Das 1138 erstmals erwähnte **Mägerkingen** ist eine der ältesten alamann-
nischen Siedlungen der Gegend.
1450 wurde es von den Werden-
burgern an Württemberg verkauft.

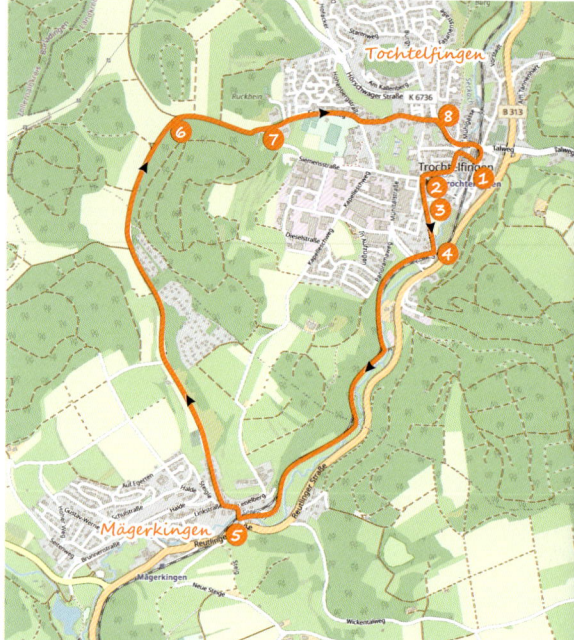

INFOS

Freizeitkarte 523
Tübingen Reutlingen, Landesamt für
Geoinformation und
Landentwicklung
Baden-Württemberg
(LGL)

🌐
www.
trochtelfingen.de

**SAB (Schwäbische
Alb-Bahn)** von/nach
Münsingen – Ulm
*mehrmals täglich
Direktverbindungen*
400 (Bus der HzL)
von/nach
Reutlingen
[Haltestelle Kapel-
leschweg, ca. 5 min
Fußweg zum Bahn-
hof]
*Mo – Fr alle 60 min
Sa + So alle 120 min*
Weitere Verbindun-
gen nach Trochtel-
fingen (Hohenz.)
mit Umstieg in
Schelklingen oder
über Gammertin-
gen.

Trochtelfingen,
Bahnhof

*Trochtelfingen ist ein
Fachwerkparadies.*

wir uns rechts **5** in die **Linkstraße**, kurz darauf noch einmal rechts in die **Talstraße**. Ihr folgen wir ins **Grafental**.

Wir wandern nun sanft aufwärts, bis die Talstraße nach
einer sanften Rechtskurve bei einem **Flurkreuz 6** auf einen
querenden Weg trifft. Hier halten wir uns rechts. Immer
geradeaus gehend, kommen wir nach dem Wald zu den
ersten Häusern **7**, gehen im **Grafentalweg** links am Sportplatz vorbei, überqueren die Hohenbergstraße und spazieren dahinter geradeaus in der **Schillerstraße** zur **Christus-
kirche 8**. Nach ihr biegen wir rechts ab in die Straße **Brech-
grube**, die uns hinab in den Ort bringt. Dort halten wir uns
in der Marktstraße links. Etwas später geht rechts die **Bahnhofstraße** ab. Sie bringt uns zurück zum Ausgangspunkt.

Wenn man noch Zeit hat, sollte man nun das prächtige
Ortsbild des Fachwerkstädtchens genießen. Wer zu Beginn
der Tour darauf verzichtet hat, sich die alten Gassen und
Gebäude genauer anzusehen, kann anstatt der Marktstraße
nach links zu folgen nun rechts in diese abbiegen. Sie bringt
einen direkt ins **Zentrum**.

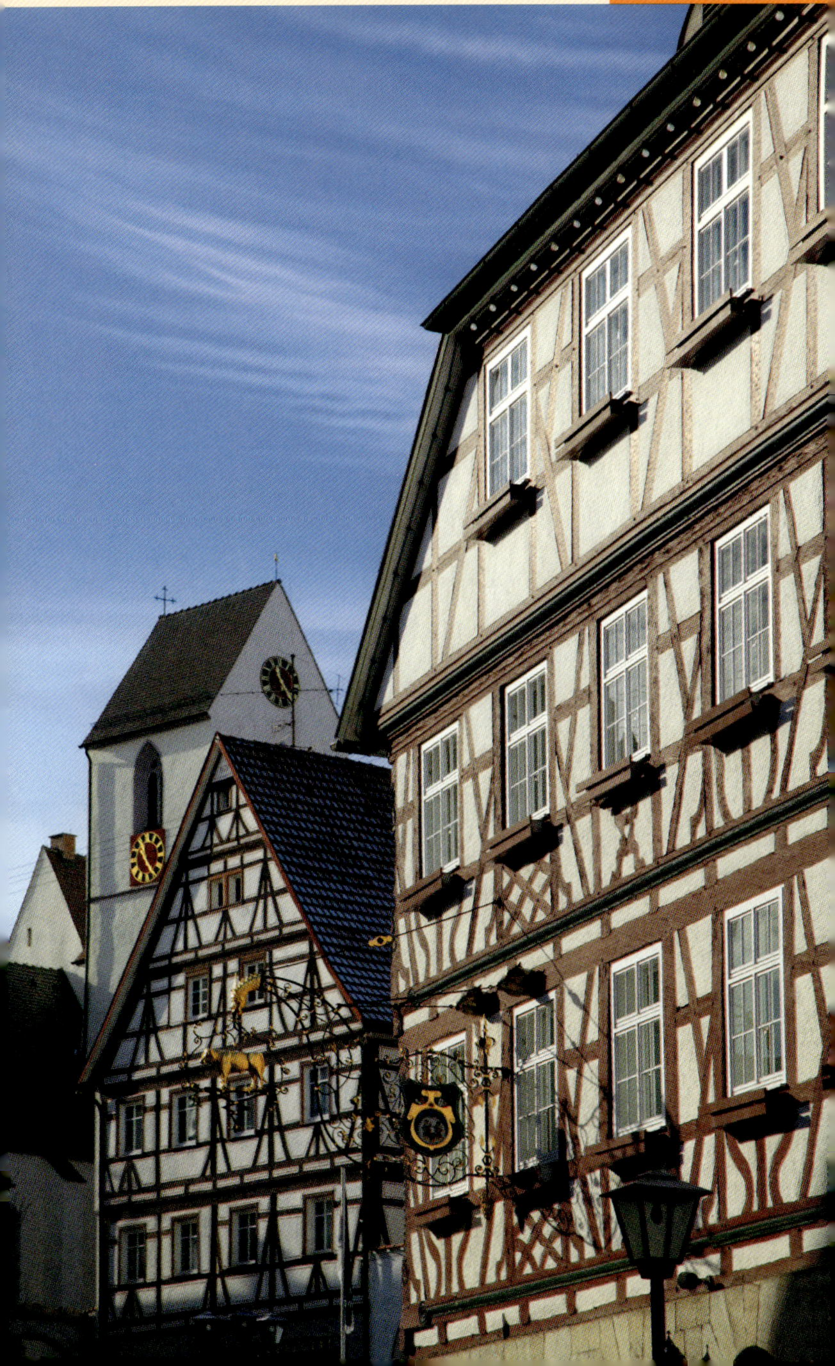

Seen und Barock 25

Von Bad Schussenried zum Schwaigfurter Weiher

🕐 **3 Std.**

↦ **11,6 km**

▲ **70 Hm**

Bad Schussenried/
Bahnhof – Laim-
bach – Schwaig-
furter Weiher –
Lufthütte – Zeller
See – Schussenried/
Bahnhof

Wir wandern fast
ausschließlich auf
festen Wegen, nur
nach dem Schwaig-
furter Weiher ein
Stück auf einem
Pfad.

Kloster und Stadtbild
Bad Schussenried,
Schwaigfurter Weiher

Bad Schussenried

*Malerische Scheunen
zeugen von der land-
wirtschaftlichen Tradi-
tion in Oberschwaben.*

Oberschwaben ist ein gemütliches Wanderland – meist
hat man, wie auch bei dieser Tour, keine großen Höhenunterschiede zu bewältigen, es gibt idyllische Seen und
immer wieder Sehenswürdigkeiten wie Flurkreuze, kleine
Kapellen oder prächtige Barock- und Rokokokirchen zu
bewundern. Und über sich hat man einen weiten Him-
mel, der von keinen hohen Bergen verdeckt ist. Genau
das erlebt man auch, wenn man, wie hier beschrieben, in
der Umgebung von Bad Schussenried wandert. Am Ende
kommt man sogar an einem idyllischen Badesee vorbei,
in dem man sich von Mai bis September abkühlen kann.

Wir gehen vom **Bahnhof** von **Bad Schussenried** ❶
zum Parkplatz links vor dem Gebäude an der Wald-
seer Straße. Vor ihr folgen wir dem Schild, das nach links
zum **Museumsdorf** weist. Gleich darauf überqueren wir
die Gleise und folgen der Straße. Dort, wo links die Hecke
aufhört und die **Jakob-Stuber-Straße** abgeht, überqueren
wir die Straße und wandern auf der anderen Seite weiter.
Nach rechts haben wir nun einen schönen Blick auf die
Landschaft.

Nach einer Weile kommen wir nach **Laimbach**. Wir gehen an den ersten Höfen vorbei bis zu einer **Kreuzung** ❷. Hier biegen wir rechts ab in Richtung **Otterswang**. Vorbei an zwei Flurkreuzen erreichen wir bald die Wohnhäuser der **Schwaigfurter Mühle** am **Schwaigfurter Weiher**; auch eine kleine Kapelle ist zu sehen. Danach steht rechts ein **Gasthaus**. Im Sommer kann man hier auch Ruder- und Tretboote mieten.

Gleich nach dem Gasthaus ❸ biegen wir rechts ab, das Wanderzeichen **gelbe Raute** weist nun nach **Lufthütte**. Wir wandern zwischen Feldern und See in den Wald, wo wir einen Zufluss überqueren. Ein Pfad bringt uns nun zu einem breiteren Weg. Ihm folgen wir nach rechts und verlassen bald den Wald. Danach wandern wir auf einem Grasweg, am Schluss mit einem Linksknick zur Bahnlinie. Ihr folgen wir kurz nach rechts, dann unterqueren ❹ wir sie und spazieren in einem weiten Bogen nach **Lufthütte**.

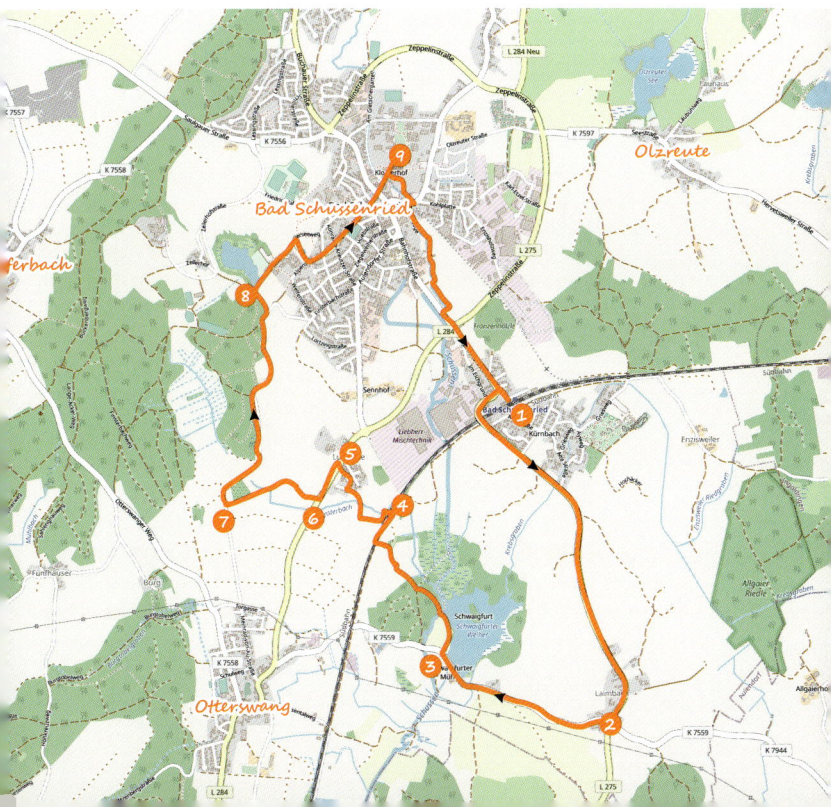

Bad Schussenried

Das Prämonstratenserkloster wurde 1183 gegründet und 1803 säkularisiert. Der schönste Raum, der von Dominikus Zimmermann Mitte des 18. Jahrhunderts geplanten und nie vollendeten Klosteranlage ist der Bibliothekssaal im Konventbau. Hier findet man außer dem Deckenfresko von Franz Georg Hermann prächtige Malereien, Skulpturen und Stuckaturen. Besonders interessant ist die Darstellung des »fliegenden Chorherrn« Caspar Mohr, der Anfang des 17. Jahrhunderts als eine Art Universalgenie hier lebte und ein Fluggerät erfand.

Das Langhaus der Klosterkirche wurde um 1185 als dreischiffige spätromanische Pfeilerbasilika erbaut, der Chor Ende des 15. Jahrhunderts. Mitte des 18. Jahrhunderts wurde sie von Johannes Zick, von dem auch das große Fresko im Langhaus stammt, barockisiert. Sie besitzt ein geschnitztes Chorgestühl von Georg Anton Machein (1717) aus Überlingen mit Tier- und Pflanzendarstellungen, der Laster und der Dämonen und Heiligenstatuen; auf der Rückwand sind Gestalten der Bibel zu sehen. Sehenswert ist auch die reich geschmückte Kanzel von Joachim Frühholz. Der mit prächtigen Bildern und Monumentalskulpturen geschmückte Hochaltar stammt von Judas Thaddäus Sichelbein. Sehenswert sind auch die Seitenaltäre und die oberschwäbische Marienfigur (15. Jh.), evtl. von Hans Strigel d. Ä. Auch in der Vorhalle stehen mit einem gotischen Schnitzbild und einer Christophorusdarstellung bemerkenswerte Kunstwerke. Die spätbarocke Pfarrkirche des Ortes wurde 1777 bis 1779 erbaut.

Wir folgen im Ort der **gelben Raute**, dann biegen wir links in den **Haarweiherweg** ein. Er bringt uns zur Straße ❺. Etwas nach rechts versetzt überqueren wir sie bei der Bushaltestelle, dann wandern wir nach links weiter.

Etwas später endet der parallel zur Straße verlaufende Weg. Hier biegen wir rechts ab ❻ und wandern durch die Felder auf die Anhöhe zu. Nach einer **Holzscheune** erreichen wir einen querenden Asphaltweg ❼. Wir biegen rechts, dann gleich noch einmal rechts ab und gehen an einem links stehenden Waldstück vorbei. Nun führt der Weg parallel zum Wald nach links weiter.

Wir wandern immer parallel zum Wald, bis dieser nach links zieht. Hier gehen auch wir an der Verzweigung vor dem eingezäunten Grundstück nach links. Kurz danach biegen wir rechts ab. Links des Weges liegt der **Zeller See** ❽; ein recht idyllisches Gewässer, das aber dicht von

Diese prächtige Tor-
anlage trennt den
Klosterbezirk vom Ort.

Der Weg führt
auch durch einen
idyllischen Wald.

INFOS

Freizeitkarte F527
Bad Saulgau,
1 : 50 000, Landesamt
für Geoinformation
und Landentwicklung
Baden-Württemberg
(LGL)

www.bad-
schussenried.de

RE 5 von/nach
Ulm – Stuttgart
und Bodensee
tägl. alle 60 min
Bahnstrecke:
Südbahn

Bad Schussenried,
Bahnhof

einer Hecke zugewachsen und eingezäunt ist, sodass man es nicht sieht. Der See besitzt aber ein Naturfreibad, dessen Eingang kurz darauf am Parkplatz liegt – an heißen Sommertagen sicher eine gerne genutzte Gelegenheit, um sich abzukühlen.

Nach dem Freibad wandern wir links der Häuser weiter. Nach ihnen sehen wir rechts einen großen und gut ausgestatteten **Spielplatz**. Wir gehen durch ihn hindurch zur **Alpenstraße**. Ihr, später der **Löwenstraße**, folgen wir nach links ins Zentrum.

An der querenden **Wilhelm-Schussen-Straße** haben wir verschiedene Möglichkeiten. Man kann rechts abbiegen und stößt später auf die Bahnhofstraße, die einen zurück zum **Bahnhof** bringt. Man kann sich hier im Zentrum etwas umsehen, einkehren oder das Bierkrugmuseum besichti-

*Am Schwaigfurter
Weiher lässt sich
gut rasten.*

gen. Oder man geht geradeaus in den **Klosterbezirk** ,
den man durch ein prächtiges Torhaus betritt. Sehenswert
und geöffnet ist zum Beispiel die reich ausgestattete Kirche.

Gleich nach dem **Torhaus** weist ein Schild nach rechts
zum Bahnhof. Wenn wir ihm folgen, gehen wir nach dem
links stehenden großen Gebäude nach rechts zum Parkplatz.
Dort halten wir uns an der **Biberacher Straße** kurz rechts,
dann gehen wir auf der anderen Straßenseite in die durch
ein Sackgassenschild markierte Straße **Alte Säge** hinein.

Parallel zu der hier noch kleinen Schussen spazieren wir
ein Stück, dann zweigt links ein Rad- und Fußgängerweg
ab. Ihm folgen wir, immer noch neben dem Bach, durch die
Wiesen. Nach einiger Zeit erreichen wir an einem **Kreisverkehr** eine querende Straße. Danach gehen wir entlang der
Bahnhofstraße direkt auf den **Bahnhof** zu.

Bildnachweis

Titel-/Klappenbild:	Ministerium für Verkehr Baden-Württemberg
Alle anderen Fotos:	Dieter Buck (soweit nicht anders angegeben); Michael Memmler (NVBW) S. 4 unten, 10/11, 22, 40/41, 58/59, 78/79, 80, 90, 96, 134/135, 140, 144
Kartengrundlagen:	OpenStreetMap

Titel:	WANDERN MIT DER BAHN IN BADEN-WÜRTTEMBERG
Untertitel:	Mit bwegt zu den 25 schönsten Touren im Land

Autor:	Dieter Buck
Herausgeber:	Ministerium für Verkehr Baden-Württemberg
Herstellung:	verlag regionalkultur
Satz:	Daniela Waßmer, Andrea Sitzler, vr

Alle Angaben ohne Gewähr.

ISBN 978-3-95505-279-9

Bibliografische Information der Deutschen Bibliothek:
Die Deutsche Bibliothek verzeichnet diese Publikation in der Deutschen Nationalbibliografie; detaillierte Daten sind im Internet über http://dnb.de abrufbar.

Diese Publikation ist entsprechend den Frankfurter Forderungen auf alterungsbeständigem und säurefreiem Papier (TCF nach ISO 9706) gedruckt.

verlag regionalkultur
Ubstadt-Weiher · Heidelberg · Speyer · Stuttgart · Basel
Verlag Regionalkultur GmbH & Co. KG
Bahnhofstraße 2 · D-76698 Ubstadt-Weiher
Tel 07251 36703-0 · Fax 07251 36703-29
E-Mail kontakt@verlag-regionalkultur.de · www.verlag-regionalkultur.de